생각하는 여자는 괴물과 함께 잠을 잔다

생각하는 여자는 괴물과 함께 잠을 잔다

김은주 지음   봄알람

책의 제목 『생각하는 여자는 괴물과 함께 잠을 잔다』는 에이드리언 리치(Adrienne Cecile Rich)의 『문턱 너머 저편(The Fact of a Doorframe: Poems 1950-2001)』(한지희 옮김, 문학과지성사)에 수록된 시 「며느리의 스냅 사진들(From Snapshots of Daughter-in-Law, 1963)」의 구절에서 인용하였다.

차례

	들어가며: 한계를 넘어서, 저곳으로	6
I	한나 아렌트 20세기와 더불어 사유하며 폭력의 역사를 해명하다	14
II	가야트리 차크라보르티 스피박 타자로 재현되길 거부하며 듣기의 윤리학을 요청하다	42
III	주디스 버틀러 삶을 계속 이어나가기 위해서, 욕망을 인정하기	68
IV	도나 J. 해러웨이 이분법의 경계를 허물고 세계를 새롭게 이해하기	94
V	시몬 베유 고의적 어리석음으로 사유와 삶의 일치를 관철하다	120
VI	쥘리아 크리스테바 경계를 넘나들고 초과하는, 사랑의 글쓰기	146
	닫는 글: 거울을 깨고 다른 세계로	170
	참고문헌	176
	찾아보기	179

들어가며:
한계를 넘어서, 저곳으로

생각하는 여자는 괴물과 함께 잠을 잔다.
그녀는 자신을 물고 있는 부리가 된다. 그리고
용수철 뚜껑 같은 자연은, 시간과 도덕을 담고
아직 쿨렁쿨렁한 그 납작한 트렁크에
이 모든 것을 채운다. 곰팡이 핀 오렌지 빛 꽃
여성용 약품들, 납작 누른 여우 머리와 난초꽃 장식 밑으로
흉측하게 튀어나온 보디세아의 젖가슴.

잘생긴 여자 두 명이, 도도하고, 날카롭고, 미묘하게,
논쟁을 벌이고 있다.

—에이드리언 리치, 「며느리의 스냅 사진들」 중.[1]

철학의 역사는 오랫동안 남성들만의 것이었다. 철학사에서 여성의 이름이 보이게 된 지는 얼마 되지 않았으며, 본격적으로 등장한 것은 20세기 들어서다. 생각하는 여성이라고 한다면, 그는 미쳤거나 사회 부적응자이거나 남성을 유혹하는 악녀였다. '남자를 이겨 먹으려는' 이런 여자들은 '여자답지' 않은, 희한한 존재로 여겨졌다.

오랫동안 철학사에 여성의 자리는 없었다. 여성 철학자는 '둥근 사각형'과 같은 형용모순처럼, 실재하지 않는 것으로 여겨졌다. 남자가 하는 말을 들어주고 이해하고 뭔가 의견을 말하는 여자는 재잘대는 꽃이라 귀여움을 받거나, 사유와 창작에 영감을 주는 뮤즈로

찬양받았다. 하지만 이들은 남자와 무관하게 스스로 생각하는 존재로서 존중이나 이해를 받지는 못했다.

철학의 숨겨진 역사에서 간간이 등장하는 여성들은, 아버지나 남자 형제의 이름 뒤에 가려져 있다. 가부장제의 시각에서 여성은 비합리적이며 자연에 가까운 존재다. 따라서 독립적인 언어를 갖지 못하며, 남성의 지도와 보호가 필요한 미성숙한 인간에 불과하다. 그런 여성들에게 철학이라니, 가당치도 않은 일일 것이다.

신분과 지위가 높은 소수의 부유한 여성만이 교양과 사교를 위해 사적 영역에서 교육을 받았고, 19세기 중반 이후로 몇몇 여성이 대학 교육을 받았다. 하지만 여전히 대부분의 여성이 교육과 무관했다. 여성주의의 세례로 여자들이 투표권을 갖게 되면서 점차 여성은 시민으로서 교육받을 권리를 갖게 된다. 본격적으로 여성이 다양한 학문에서 배울 권리를 얻고 철학에 접근할 수 있게 된 것도 다양한 여성주의운동 덕분이다.

20세기에 들어서, 드디어 자신을 철학자로 선언하는 여성 철학자가 등장한다. 자신만의 공부 공간을 갖지 못했던 시몬 드 보부아르는 책으로 가득 찬 장폴 사르트르의 서재에 매혹될 수밖에 없었다. 그는 '여자란 무엇인가?'를 철학적 물음으로 제기하면서, 사회적 성별로서의 젠더를 제안한다. 뤼스 이리가레와 아드리아나 카바레로는 길고 긴 철학의 역사 뒤편에 숨겨진 여성의 자취를 파헤치면서, 철학사를 여성적인 것으로 독해하기도 했다.

서양 철학은 그 긴 역사 동안 여성을 배제한 채 보편적 인간을 이야기해왔다.

철학에 관해 처음 이야기한 그리스인들은 미토스의 신화 세계를 탈출하여 로고스라는 언어 세계로 진입한다. 그들에게 철학적 사유는 세계를 합리적으로 이해하는 것인 동시에, 타자를 배제하고 동일성을 확인하는 것이기도 했다. 나는 나라는 자기동일성을 확신하는 자기의식은 자신을 제외한 다른 사람을 야만인이자 타자로 몰아세운다. 여성은 이러한 타자의 영역에 속한다.

플라톤은 소크라테스의 입을 빌어 말한다. "나는 나 자신을 탐색한다네. 그렇게 해서 내가 만나는 것이 튀폰보다 더 모양새가 복잡하고 사나운 짐승이건, 아니면 본성적으로 신적이고 온순한 천분을 타고난 탓에 그보다 더 순하고 단순한 생물이건 말이야."[2]

플라톤에게 결국 철학은 영혼의 감옥에 불과한 야만적 육체에서 벗어나 고결하고도 추상적인 정신과 관련을 맺기 위한 것이다. 그에게 있어 인간은 야만적 짐승이 아닌, 신성한 이성으로 육체를 통제하면서 자기 자신을 탐구하는 존재다. 플라톤에게 피 흘리고 임신하고 출산하는 여성은 자연에 보다 더 가깝다. 가부장적 편견에 휩싸인 아리스토텔레스도 역시 여성을 사회적 존재인 비오스(bios)가 아니라 동물과 노예와 함께하는 영역인 조에(zoe)로 몰아넣었다.

찬찬히 살펴보면, 타자는 아직 인간이 이해하고 설명할 수 없는 영역, 인간적 지평 너머의 잉여 경험을 가리킨다. 이러한 타자는 로고스가 설명하지 못하는, 그러나 거대한 힘을 지닌 괴물의 이미지로 세계에 등장한다. 유명한 신화들은 언제나 괴물을 목격하여 지혜를 얻은 자를 그린다. 오이디푸스와 스핑크스, 테세우스와 미노타우로스, 욥과 레비아탄의 만남이 그렇다. 그들은 괴물을 가두고 자신에 관한 지혜를 얻지만 이때 괴물은 설명되지 않은 채 여전히 어둠 속에 있다.

결국 괴물에 대한 서사는, 사유와 지식의 한계를 그린다. 괴물은 지식의 한계 밖에서 출몰한다. 낯선 존재인 타자들은 언제나 괴물로 낙인찍힌다. 어떤 타자는 때때로 천사와 같이 신성한 괴물로 추앙되기도 하지만, 결국은 속죄양으로 전락한다.

대체로 타자는 배척의 대상이며, 박해받고 거주지 밖으로 추방된다. 타자는 어둠에서 죽은 듯, 없는 듯이 살아간다. 하지만, 괴물로만 모습을 나타내는 타자는 철학의 밝은 빛과 상관없이 스스로 드러난다. 괴물의 라틴어 어원 monstrare(보여주다)에서 알 수 있듯, 타자, 괴물은 끝까지 감추어질 수 없고, 나타난다. 사라지지 않는다.

타자와 괴물을 몰아낸 기반에 뿌리 내린 철학에서, 여성은 타자다. 타자로서의 여성은 자신의 입말이 아니라, 자기를 탄압하고 옥죄는 언어로 사유와 철학을 시작한다. 여성을 타자로 규정한 철학 안에서 철학적 사유를 모색할 수밖에 없다는 것은, 얼어붙고 어두운 시기에, 내일을 기약할 수 없는 불안정한 공간에서 온

힘을 다해 힘겹게 머무는 일이다.

> 이것은 그런 계절에 대응하는 우리의 유일한 방어
> 기술이다.
> 이런 것은 우리가 배워야 했던 기술이다.
> 불안정한 지역에 살고 있기에[3]

그럼에도 여성들은 철학을 포기할 수 없다. 여성 역시 지혜를 욕망한다. 지혜를 향한 사랑인 철학은 성찰, 비판, 창발의 측면에서 여성들로 하여금 자기를 억압한 말로부터 벗어나게 하는 도구가 된다. 여성들은 압제자의 언어에서 새로운 말과 사유를 고민하면서, 당연히 여겨져온 말과 생각을 의심하고 길을 잃는 아포리아(aporia)적 상황으로 스스로를 몰아세우면서 기존의 사고와 기준, 가치를 철학이라는 망치로 부수고, 새로운 개념을 창조한다.

"여성의 철학적 사유는 보편적일 수 있는가?"
　여성 철학자에 대해서 쓰면서, 이 오래된 질문을 떠올린다. 남성의 철학은 인간 전체에 대해 보편적으로 사고한다고 당연히 여겨지지만, 여성에게는 왜 이 질문이 따라붙어왔는가? "여성주의 철학이 보편 학문이라는 철학의 입지를 유지 할 수 있는가?"라는 질문에 대해서도 생각해본다. 실상 세계 밖의 위치에서 진리를 보증하는 방식으로 보편적·객관적 지식을 얻을 수 있다는 생각은 바람일 뿐이다. '절대적 진리'가 허망한 환상이라는 사실은 철학사에서 이미 목도했다.

실상 탈맥락적 보편이란 말은 허구다. 우리는 이 세계에서, 우리의 위치에서, 말하고 사고하고 행위한다. 철학적 사유는 자신이 거주하는 시간과 공간을 표시하고 말해야 한다. 예전에 만들어진 개념은 당연하게도 새로운 개념과 이론에 의해 비판되며 수정되고 새로 쓰인다. 개념은 그 흔적으로 자신의 자리를 만든다. 철학이 배제한 타자인 여성은 철학 개념들과 이론들에 명시적으로 또 암시적으로 배어 있는 여성 평가 절하의 논리를 추적하고 비판하면서 겹쳐 쓰고 같이 쓰면서, 수목(樹木) 철학의 죽은 뿌리를 거두고 리좀(rhizome)의 망으로 어디든 살아낸다.

이 책의 제목은 여성주의자이자 행동가이며 훌륭한 이론가이기도 한, 미국의 시인 에이드리언 리치의 시 구절에서 따왔다. 리치의 시에서 등장한 괴물은 가부장제가 배제한 여성의 욕망일 것이다. 10년간 시인으로서의 삶을 포기하고 세 아이의 어머니이자 한 남자의 아내로 미국 중산층의 표준 모델처럼 살아가던 에이드리언 리치는 자신의 괴물을 품고 자고 아침에 일어나기를 반복했다. 마침내 그는 "1960년대 여성운동에 적극적으로 참여하면서 자신의 레즈비언 성정체성을 인정하고 사회적 소수자의 자유인권운동을 옹호"하며 다르게 사유하고 행동하기 시작한다.[4]

이 책에서 소개하는 한나 아렌트, 가야트리 스피박, 주디스 버틀러, 도나 J. 해러웨이, 시몬 베유, 쥘리아 크리스테바 여섯 명의 여성 사상가이자 철학자는 주로

20세기에 활동하면서 근대 주체를 비판하고 근대 이후를
모색했다. 이들은 타자와 소수자의 문제를 철학적
문제로 성찰하고, 타자를 동일성의 범주로 판단해버리지
않고, '즉시 이해 가능하지 않은' 겸손한 지평에서
타자와 맞닿았다. 말을 길어 올려 새로운 사유를 끌어낸
그들로부터 알게 된 것은, 동일자로 호명되어온 인간이
실은 이방인이며, 타자라는 사실이다.

    이 책은 여성 철학자들을 단일한 혈통의 계보로
묶기보다는, 이들이 각각의 위치에서 벌인 치열한
사유와 아직 쓰이지 않은 삶에 대한 전망을 축으로
엮었다. 확실히, 사유하고 생각한다는 것은 살기 위한,
삶을 계속하기 위한, 함께 존재하기 위한 깊은 열정에서
비롯되는 것 같다. 오랫동안 홀로 생각해온 여자들과
이제는 같이, 한계를 넘은 저곳으로 건너가고 싶은
갈망으로 이 책을 시작한다.

> 존재하려는 열정이 그녀의 몸에 아로새겨져 있다.
> 우리가 서로를 발견할 때까진, 우리는 혼자일
> 수밖에 없다.[5]

---

1 에이드리언 리치, 『문턱 너머 저편』, 한지희 옮김, 문학과지성사, 2011. 본문에 인용한 시는 모두 이 시집에 있다.
2 플라톤, 『파이드로스』, 조대호 옮김, 문예출판사, 2008, 18쪽.
3 에이드리언 리치, 앞의 책, 22쪽.
4 같은 책, 651쪽.
5 같은 책, 284쪽.

한나 아렌트

1906~1975
20세기와 더불어 사유하며 폭력의 역사를 해명하다

한나 아렌트의 초상:
나는 나 자신에게 문제가 되었다

한나 아렌트에 대해 흔히 떠올리는 이미지는 다음과 같다. 유대인, 하이데거의 연인, 아이히만 전범 재판, 전체주의의 반대자. 다른 한편, 아렌트는 여성이지만 젠더에 무관심한 채 인류와 보편적 인간의 이름으로 사유를 전개했던 철학자로 비추어진다.

몇 개의 키워드로 아렌트를 이해하기에, 그 초상은 희미하고도 불투명하다. 아렌트의 얼굴을 들여다본다. 어린 시절의 아렌트는 총명해 보인다. 자신의 내면으로 침잠한 젊은 시절의 눈동자, 정면을 응시하지 않는 옆모습. 그리고 시간이 흘러, 인터뷰에 임하는 그의 얼굴에는 세월의 흔적이 묻었다. 시간은 지나가고, 함께한 사람들은 머물다 변하고 사라진다. 많은 일을 겪으면서 더 번쩍이는 눈.

아렌트의 시선은 세계로 향하는 동시에 내면에 머문다. 하지만 무엇보다도 분명한 사실은, 한나 아렌트는 사유에 대한 믿음을 결코 포기한 적이 없었다는 것이다. 아렌트에게 사유는, 자기 자신과 나누는 대화이자 긴 시간 동안 인간으로서의 품위와 자존심을 지켜준 도구였다.

> 자존심을 유지한다는 것은 물론 자신에게 말을 건다는 뜻이다. 그리고 자신에게 말을 건다는 건 기본적으로 사유를 하는 것이다. 전문적인 사유가

아니라 누구나 할 수 있는 사유 말이다. 따라서 이런 생각의 뒤편에 있는 추정은 나는 나 자신과 대화할 수 있다는 것이다.[1]

평생 아렌트를 사로잡은 화두와도 같은 글귀는 그가 박사학위 논문에서 다룬 아우구스티누스의 다음 말이다.
"나는 나 자신에게 문젯거리가 되었다."
자기 자신을 문제로 여기는 상태란 어떤 것일까? 아렌트는 자신에게서 어떤 이질감을 발견한다. 세상과 자신 사이에 낀 막을 느낀다. 문젯거리인 나는 결코 세상과 맞붙을 수 없다. 그러나 서걱거리는 이물감은 오히려 나를 선명하고도 분명하게 느끼게 한다. 결국 내가 자신에게 문젯거리임을 알았다는 것은 곧 나는 누구인가?라는 질문을 던져야만 했다는 것이다.

아렌트는 문젯거리가 되어버린 자신의 얼굴을 들여다본다. 거울이 비춘 자신의 모습을 바라보지만, 그 얼굴은 어쩐지 낯설다. 얼굴이 무엇을 말하는지 확신할 수 없다. 자신을 낯설게 응시하고, 자신을 알아차리면서, 아렌트는 자기 자신을 사유의 대상으로 삼는다. 자기를 사유하는 사람은 자기 자신을 성찰하기 마련이다. 아렌트는 세계와 기묘하게 떨어져버린 자신을 바라보다 말을 건다.

문젯거리로 나를 들여다보는 인간은 자신을 대상으로 인식하고 사고하는 자기의식을 지닌 존재다. 그런 점에서 아렌트는 '나는 생각하는 존재다'라고 말하는 근대인이다. 그런 그는 비록 전혀 다른 시대를 살아갔지만 철학적으로 근대인인 아우구스티누스의 고민을 공유할 수 있었다. 그렇다면, 이렇게 자기를 의식하는 나란 왜 '문제'인가.

나는 육체로 이 세계를 생생하게 경험하고 맞닿는 나를 바라본다. 세계를 경험하는 나와 이를 지켜보는 나의 동시적 공존은 기묘한 기분을 자아낸다. 삶을 살아가기와 삶을 저 먼 곳에서 보기의 동시성이 야기하는 간극, 이것은 나의 실존 상황이며, 일종의 딜레마다.

육체를 가진 나는 유한한 생명을 지녔다. 그러나, 나는 언제나 지금 이 순간의 생생함이 계속될 듯 느껴진다. 나는 끝나지 않을 내 정신의 무한을 생각한다. 지상에서 살지만, 영원을 추구하는 나의 의식. 나는 홀로 생각을 통해서 세계 전체를 한순간에 움켜쥘 수 있을 듯싶다. 하지만 내가 사유하고 그에 따라 계획하고 어떤 목적을 의지한다고 해서, 그것이 실행되는 것은 아니다. 게다가 나는 이 세계에서 살아가기 위해, 매 순간 세상과 관계 맺고 선택을 해야 한다. 세상에서 산다는 것은 홀로 살아가기가 아니다. 사실상 어떤 것에도 의존하지 않고 혼자서 살아가기란 원초적으로 불가능하다.

아렌트가 태어난 1906년은 새로운 세기가 막 시작되었던 시기였고, 10년 뒤 제1차 세계대전이 발발했다. 제1차 세계대전은, 유럽의 몇몇 국가에 그치지 않고 유럽 제국 전역과 식민지를 전쟁터로 삼았다. 전쟁의 영향은 유럽을 휩쓸었다. 후방이라는 이름하에 민간인이 전술로 배치되었으며, 기존에 배제되었던 여성과 어린이가 전쟁에 동원되었다. 항시적

전시 상태는 유럽인의 삶에 불안과 공포의 그림자를 드리웠다.

아렌트는 이 시기를 온몸으로 살았다. 그는 이러한 세계에서 생생하게 살고 사유하는 인간으로 자신을 의식하고 있었다. 그는 세계를 사유하며, 자신의 행동의 미약함을 느꼈다. 삶이 생생할수록 그는 거대한 사유에 비해, 자신의 힘이 몹시도 약하다는 무력감을 마주했다. 홀로 세계를 바꿀 수 없는 것은 당연했고, 문제는 이미 곪을 대로 곪아 있었다.

아렌트가 살던 시기는 지나온 백 년 동안의 가치가 어떤 임계점에 다다른 듯 보였다. 전쟁은 계몽의 빛과 합리성으로 무장하고 인류애를 희구하던 인간의 모습을 점차 지워갔다. 이성에 대한 강한 신뢰로 꽃피운 문화와 문명은 그 이성에 의해서 붕괴하고 있었다. 두 차례 세계대전 사이의 시대정신은 세계의 부조리를 인간 조건이 지닌 비극이자 실존의 근본으로 자각하는 것이었다.

세계에 대해 사유할수록 발견되는 것은 고통과 무의미 그리고 부조리였다. 아렌트는 부조리를 목도하고 부조리를 사유함으로써 그 부조리를 뚫고 가려 했다. 생의 의미를 묻는 순간 모든 것은 죽음 앞에서 공평한 허무로 돌아간다. 그는 무의미한 죽음에서 흘러나오는 불안을 견디거나 권태와 환멸로 이를 피하기보다, 활동하는 인간으로서 삶을 지키며, 살아가기를 결심했을 것이다.

결국 사유하는 자, 자신을 문젯거리로 성찰하는

사람은, 스스로 '어떻게 살 것인가?'를 질문하며
행위한다. 이것은 세계에 드리운 어둠에도 불구하고
얼굴을 돌리지 않고 직면하겠다는 용기이며, 질문을
제기하는 다른 사람들과 함께하겠다는 결정이다.

　　사유가 가리키는 방향이 분명하게 보이더라도,
모두가 이를 따라 행위하지는 않는다. 또 누군가 홀로
행한다고 해서 세상은 변하지 않는다. 인간 모두에게
도착한 어떠한 삶의 방향을 나 혼자서가 아니라 모두와
더불어 행할 때, 그제야 그 방향이 선명해진다.

　　아렌트는 사유하면서 자기와 맞닿은 부조리를
통과하고, 우리가 더불어 사는 이 세계에 윤리적으로
개입하고 정치적으로 활동했다. 이제야 비로소 한나
아렌트의 초상이 그려진다. 한나 아렌트, 단독자로
사유하지만, 함께 사는 세계에서 행위하고 살아갔던,
문젯거리로서의 자기 자신을 마주한 철학자.

독일 시민으로 성장해
유대인으로 정체화하기까지

아렌트는 1906년 10월 14일 독일 하노버에서 태어나
쾨니히스베르크에서 자랐다. 그는 유대인이었지만,
이 사실을 깊게 생각하지 않았다. 물론 아렌트의
어머니는 민족적 관습에 따라 딸에게 유대교 교육을
받게 했다. 그러나 어린 시절 아렌트는 유대인으로서의

정체성보다는 모국어를 독일어로 삼는 정체성이 더 강했다. 아렌트는 집에서 한 번도 스스로를 '유대인'으로 자각한 적이 없고, 그런 말을 들어본 일도 없다고 한다. 오랫동안 그는 유대인보다는 독일인으로서의 정서를 지니고 성장했다.

그가 '이방인'으로서의 자신을 알게 된 것은 길거리에서 다른 아이들에게 반유대적 욕설을 듣고 나서다. 이 사건이 아렌트에게 어떤 감정을 주었는지는 알 수 없다. 꽤 조숙했던 그는 상처받기보다는 그 상황을 통찰하려는 욕망이 더 컸던 것으로 보인다.

아렌트는 독일어로 쓰인 시와 소설을 사랑했고, 무엇보다도 철학 서적을 탐독했다. 칸트가 일평생을 살았던 쾨니히스베르크에서 어린 시절을 보낸 아렌트는 『순수이성 비판』을 읽고 충격을 받았고, 칸트의 사상은 평생에 걸쳐 아렌트의 철학적 성찰에 영감을 준다.

아렌트는 고등학교 시절 교사에게 반항한다는 이유로 퇴학을 당한다. 이후 그는 베를린대학에서 청강을 하고 집에서 혼자 공부해 마르부르크대학으로 진학한다. 아렌트는 거기서 철학, 신학, 그리스어를 공부했고, 그를 가르치던 강사 마르틴 하이데거와 연애를 했다. 하이데거는 아렌트가 없었다면『존재와 시간』을 쓸 수 없었으리라 회고하면서 두 사람의 사랑에 큰 의미를 부여했지만, 이런 식으로 아렌트와 하이데거의 관계를 신화화할 수 있을지는 의문이 든다. 하이데거와의 관계는 3년에 걸쳐 지속되다가 아렌트가 하이델부르크로 대학을 옮기면서 끝을 맞이한다.

1926년 하이델베르크에서, 아렌트는 카를 야스퍼스의 지도 아래 박사학위논문 『사랑 개념과 성 아우구스티누스』를 썼다. 하지만 논문을 쓴 후 맞이한 독일의 상황은 그다지 좋지 않았다. 이 시기 독일은 히틀러의 집권으로 파시즘의 영향이 확대되고 있었다. 심해지는 반유대주의 속에서 아렌트는 점차 유대인으로서의 정체성을 자각하게 된다.

단지 유대인이라는 이유만으로, 아렌트는 대학 강단에 설 수 없었다. 아렌트에게 그가 유대인이라는 것은 오랫동안 본인에게 그다지 중요하지 않았고 그의 삶에 영향을 미칠 만한 사실이 아니었다. 그러나 자신을 독일인이자 개인, 한 사람의 시민으로 여겼던 아렌트의 사유는 히틀러의 집권 시기를 거치면서 달라지게 된다.

1933년 독일 의사당 화재는 아렌트에게 가장 충격적인 사건이었다. 이 일을 계기로 소수에 불과하던 나치가 독일 공산당을 매도해 정권을 장악하는데, 이때 아렌트는 비로소 자신을 유대인으로 분명하게 정체화한다. 그는 다음과 같이 말한다.

> 1933년 2월 27일에 일어난 독일 의사당 화재 그리고 뒤이어 밤중에 자행된 불법 체포들. (…) 그 사건에 직접적인 충격을 받은 나는 바로 그 순간부터 책임감을 느꼈다. 다시 말해 나는 이런 판국에 단순히 방관자로서 세상을 살아갈 수 있다는 생각을 더 이상은 하지 않게 되었다.²

아렌트는 더 이상 독일인이기만 할 수 없었다. 히틀러 정권은 한나 아렌트를 유대인으로 호명했다. 차별과 박해가 그를 유대인으로 각성시켰다.

> 어떤 사람이 유대인이라서 공격을 받았다면, 그 사람은 유대인으로서 자신을 옹호해야 한다. 독일인으로서가 아니라, 세계시민으로서가 아니라, 인권의 지지자로서가 아니라, 그 외의 그 무엇으로서가 아니라.[3]

결국 아렌트는 독일을 떠나기로 결정한다. 스승인 카를 야스퍼스가 하이델베르크대학에서 추방되었다는 소식도 그가 독일에서 지적 활동을 더 이상 할 수 없으리라 판단하는 데 영향을 미쳤을 것이다. 그는 유대인이라는 이유로 게슈타포에게 체포되었다가 석방된 후, 그의 연구와 강의 활동을 금지시킨 독일을 떠난다.

망명 생활:
한 시대를 먼저 살아간 라헬 파른하겐과 함께

아렌트는 프랑스로 망명을 결정하고 파리로 향한다. 물론 프랑스에서도 오래 머물 수는 없었다. 제2차 세계대전 발발 후 프랑스에 히틀러의 비호를 받는 친독 정권인 비시 정부가 설립되면서 그의 입지는 좁아졌고 망명 생활 역시 순탄치 않았다.

이러한 상황에서 아렌트에게 가장 큰 힘을 준 일은 바로 독일 학술구제협회의 지원을 받아 착수한 라헬 파른하겐의 전기 집필이었다. 독일 낭만주의에 관심을 갖고 공부를 하던 중 아렌트는 라헬 파른하겐의 편지를 발견해 읽게 되었고, 한 세기 앞선 시대를 살았던 이 유대 여성의 삶에서 자신의 유대인으로서의 정체성을 마주하고 어지러운 시대를 건널 비전을 얻게 된다.

라헬 파른하겐은 1771년, 베를린의 보석상이었던 부유한 유대인 가정에서 태어났다. 18세기와 19세기를 살다 간 이 여성은 작가로서, 독일 관념론을 발흥시킨 지식인 살롱을 만들었다. 파른하겐은 부유하게 자랐지만 여러 가지 이유로 교육의 기회에 접근하지 못했다.

파른하겐은 영민한 여성이었으며 그 자체로 독특한 매력을 지닌 인물이었다. 그는 스스로의 힘으로 당대의 지식인들과 편지로 교류하고 자신의 다락방에서 사교와 교양 그리고 지식 공동체의 역할을 담당하는 살롱을 열었다. 라헬 파른하겐은 언제나 이방인이라는 유대인으로서의 정체성을 분명히 인식하는 동시에 이로부터 벗어나기를 갈망했다. 그는 독일에서 일어난 계몽주의운동, 관념론과 낭만주의운동을 통해 독일 사회와의 동화를 추구했다.

파른하겐이 살았던 1806년은 독일에게 가장 불행한 시기 중 하나였다. 작은 영토의 프로이센은 힘이 미약했고 왕조차 망명했다. 독일인은 나폴레옹의

침략에 맞서 비밀 조직을 만들어 저항했고, 파른하겐 역시 그러한 결사체에 참여했다. 그는 당대의 지식인 괴테, 슐라이어마허, 훔볼트, 피히테와 대화를 나누고 교류하면서 독일 관념론과 사상사의 주요한 논의를 이끌어가는 구심적 역할을 담당했다. 파른하겐은 생전에 만 편의 편지를 썼고 1833년 베를린에서 사망한 이후 남편인 카를 아우구스트가 이를 편집하여 책으로 출판했다.

아렌트는 라헬 파른하겐에 대해 쓰면서 인물의 심리를 분석하는 이른바 전기 작가의 입장을 벗어나, 낭만주의와 독일 관념론의 발흥이라는 사상사에서 라헬이 차지하는 위치를 새롭게 조명했다. 무엇보다도 아렌트는 라헬의 목소리가 자기 자신을 반추하는 과정을 따라가는 방식으로 책을 써 내려간다. 아렌트가 복구한 전기는 스스로를 불운자로 명명하는 라헬, 일생 동안 유대인이라는 정체성의 굴레에서 벗어나고 싶어한 라헬, 독일 지식인과 사교계와 교류하면서 독일 사회와 맞붙길 원했으나 생의 마지막 순간 결국 자신을 유대인으로 인정했던 라헬의 목소리다.

라헬 파른하겐에 대한 전기의 마지막 장의 제목은 '유대인, 벗어날 수 없는 굴레'다. 한나 아렌트가 말하고 있듯, 유대인이 된다는 것은 이중의 굴레다. 그는 유대인이지만, 동시에 유대인이 아닌 자리에서 비판적 거리를 갖고 성찰하면서, '유대인'을 정치 사회적 문제로 심화한다. 그러나 유대인에 대한 문제는 개인적으로는 결코 해결 불가능하며, 입장과 상황이 야기한 절망은 우울한 감정만을 불러일으킨다. 라헬 파른하겐의 수많은 편지는 유대인이라는 굴레가 낳은 비극적 운명에 순응하거나 이를 절망으로 덮어버리지 않고, 그러한 운명의 의미를 찾아내고자 분투하는 활동이었다.

아렌트는 우산 없이 맞선 폭풍을 결코 두려워하지 않고 삶이 자신에게 들이닥치도록 전력을 다해 자신을 드러낸 라헬 파른하겐을 존중하며, 그의 전기를 써 내려갔다. 라헬 파른하겐이 스스로를 반추하는 과정을 최대한 가까이 따라가며 아렌트는 라헬의 "지칠 줄 모르는 기민함과 고통을 견디는 능력"에 경탄했다.[4]

이 전기는 1933년 아렌트가 프랑스에서 망명 생활을 할 때 완성되어 1956년 뉴욕에서 출판된다. 1929년 기금을 받아 집필을 시작해 완성하고 마침내 출판하기까지, 그 긴 시간 동안 라헬 파른하겐은 아렌트와 함께했다. 한 세대를 먼저 살아간 지식인 유대 여성인 라헬은 강단과 학계에서 자리를 얻지 못한 채 히틀러의 집권으로 생존 자체를 위협당한 아렌트가 자신과 동일시할 수 있었던 여성이다. 아렌트는 라헬 파른하겐의 삶의 궤적을 따라가고 유대인이라는 굴레가 떠안긴 고민과 도전을 공유하면서 어두운 시대를 버티고 이후의 미래를 그렸다.

전쟁의 폐허 속에서, 악의 평범성을 직시하다

망명자로서의 삶이란 어떠한 것일까. 안정적인 거주지가 없음은 물론이고, 쓰던 원고와 함께 간소한 짐이 꾸려진 채, 언제나 떠날 준비가 되어 있는 삶. 아렌트가 머물렀던 파리도 안전할 수 없었다.

제2차 세계대전은 전방과 후방 가릴 것 없이 유럽 대륙 전체를 파괴하고 일상을 전시 상황으로 몰아넣었다. 사랑하는 가족과 친구들의 안전은 보장받지 못했다. 하루하루의 한결같은 일상성에 대한 희구는 사치였다. 매일의 생활은 불안정하고 초조했다. 물론 그 와중에도 발터 베냐민과 같은 새로운 사유와의 만남은 기쁨을 주었지만, 그 역시 곧 슬픔으로 바뀐다.

결국 파리가 나치에 의해 점령되자, 1941년 아렌트는 오랫동안 육체와 정신의 거주지였던 유럽 대륙을 떠나 미국으로 건너간다. 그후 그는 1951년 미국 시민권을 얻을 때까지 무국적 상태로 살았다. 국적이 없기에 세계시민으로서만 이 세계에서 거주할 수 있는 역설적인 경험은 아렌트로 하여금 어떠한 민족성이나 전체의 이념에 좌우되지 않고 단독자로서 사유할 수 있는 바탕이 된다.

무국적자로서의 경험은 아렌트가 20세기를 성찰하기를 자신의 과업으로 삼도록 했다. 아렌트는 끊임없이 글을 썼다. 전후의 상황 역시 녹록치 않았고, 지나온 과거는 왜, 라는 의문을 남겼으며, 현재는 빠른 속도로 변화하고 있었다. 이러한 상황에서 아렌트는 새로운 거주지이자 망명지 뉴욕에서 글쓰기를 멈추지 않았다. 여러 사람에 대해 글을 썼고, 저널리즘을 빌어 다양한 글을 발표하면서 사회에 대한 관심을 이어갔다.

아렌트가 쓴 글 가운데 『어두운 시대의 사람들』이라고 제목 붙여진, 11명의 인물에 관한 글은 특히 의미가 있다. 이 책은 아렌트가 미국으로 건너 온 후 12년간 쓴 글을 모아 1968년에 발간되었다. '어두운 시대'는 브레히트의 유명한 시「후손들에게」에서 빌려온 문구로, 두 차례 세계대전 그리고 계몽과 근대의 무너짐이라는 20세기 전반 사상사를 성찰하고, 이 어두운 시대에 빛을 밝힌 사람들을 다룬다.

특히 아렌트는 독일 사회주의 혁명가 로자 룩셈부르크를 서술하면서, 로자의 삶에 "위대한 인격의 프리즘을 통과하여 굴절된 역사와 시대를 비추는 흐릿한 빛과 같다"고 찬사를 던진다.[5] 여기서 아렌트는 앞서 로자의 전기를 서술한 네틀의 편향적 시각을 비판하는데, 비판은 특히 네틀이 로자의 사랑을 다룬 대목에 맞추어져 있다. 네틀에 따르면, 로자의 남편인 레오 요기헤스가 다른 여자와 바람을 피우자 로자는 그에게 화를 내고 다툰 뒤 끝내 그를 용서하지 않았다. 하지만 그런 로자 역시 자신을 추종했던 다른 사람들의 애정을 즐겼다는 것이다. 네틀은 결국 로자와 레오의 사랑이 마침표를 찍은 이유는 로자 룩셈부르크의 자기 파괴적이며 맹목적인 질투 때문이었다고 지적한다. 이런 해석에 반대하며 아렌트는 네틀이 간과한 다수의 사실을 그려낸다.

로자와 레오 요기헤스의 사랑이 파국을 맞은 원인이자 배경이 된 수년간의 옥중 생활, 결국 좌절에 빠질 운명인 독일혁명과 피비린내 나는 혁명의 실패를 서술하며 아렌트는 로자의 영웅적 행동을 남편의 영향으로 해석하는 네틀의 해석 역시 거부한다.

> 로자는 노동계급의 직접적인 이해관계뿐만 아니라 모든 마르크스주의자들의 지평에서 벗어나 유럽 정치에 관여했다. 이러한 관여는 독일당과 러시아당을 위한 '공화주의 강령'에 대한 그의 지속적인 주장에 가장 명료하게 나타나고 있다. 혁명 참여 문제는 로자가 자신의 유명한 저서 『유니우스 소책자』에서 다루었던 주요 요지들 가운데 하나였다. 로자는 전쟁 중 감옥에서 이 책을 집필했으며, 이후 스파르타쿠스단의 강령으로 활용했다.[6]

아렌트를 통과하면서 로자는 비로소 스스로의 힘으로 선 위대한 혁명가로, 어두운 시대에 빛을 밝히는 존재로 조명된다.

제1차 세계대전 발발 직전에 태어나 전쟁과 함께 성장했고 제2차 세계대전으로 인해 목숨을 위협받아야 했던 아렌트는 로자의 삶과 더불어 동시대를 조명하는 가운데, 미국에서 평탄한 연구자의 길을 추구하기보다는 20세기의 격동을 보다 적극적으로 사유하는 방향으로 나아간다. 당시 세계대전은 식민지에서 잇달아 새로운 전쟁을 낳았고 아렌트는 한반도와 베트남에서 벌어지는 전쟁을 목도했다. 그리고 그는 미국 대륙과 유럽 대륙에서 새로운 세대가 기존의 세대에 반발하며 벌인 대규모 학생운동, 흑인과 소수자들의 운동을 경험한다.

아렌트는 몸소 체험한 시절과 폭력의 역사를 해명하고 싶어했다. 아렌트의 연구 주제는 '제2차 세계대전이라는 참상이 왜 벌어졌는가?'에 맞추어져 있다. 그는 '계몽에도 불구하고 인류는 왜 나치스를 선택했으며, 나치스를 용인했으며, 세계에 악을 전파했는가'에 초점을 두고 사유를 전개한다. 이러한 나치스에 대한 연구의 성과는 1951년 『전체주의의 기원』으로 출간되었고, 이 책으로 한나 아렌트는 세계에 이름을 널리 알리게 된다.

시대를 정면에서 응시하는 아렌트의 탐구는 사회의 악과 폭력의 본질에 다가서는 노력으로 심화한다. 결정적 계기는 1961년 『뉴요커』지의 특파원으로 아돌프 아이히만 전쟁 범죄 재판에 참석한 데서 비롯한다. 아이히만은 독일의 나치스 친위대 장교로서, 독일 항복 후 아르헨티나로 도망쳤다. 그는 제2차 세계대전 중 독일 및 독일 점령하의 유럽 각지에 있는 유대인의 체포, 강제 이주를 계획하고 지휘했다. 1946년 은신처에서 탈출한 그는 오랜 추적 끝에 1960년 이스라엘 비밀 정보기관에 체포되었고, 이스라엘로 압송되어 전범 재판을 받게 되었다.

이 세기의 전범 재판은 이스라엘 국민 법정에서 판사 3명의 주재로 열렸고 취재 기자가 너무나 많아서 공개법정으로 전 세계에 생중계되었다. 아렌트 역시 기자의 신분으로 1961년에 나치스의 전 간부 아이히만의 재판을 방청했고, 이를 참관하여 판단한 기록이 바로 『예루살렘의 아이히만: 악의 평범성에 대한 보고서』다.

    공개 재판이었던 아이히만 재판을 위해 1500여 건의 문서가 샅샅이 조사되었고 100명이 넘는 증인이 소환되었다. 이들 중 대다수는 강제수용소 생존자로, 자신들을 수용소로 보내는 과정에서 아이히만의 역할을 진술했다. 아이히만은 15가지 죄목으로 기소를 당했는데, 그는 자신이 "기소 절차상 무죄"라고 주장했다. 그는 단지 "명령을 따랐을 뿐"이라고, 상관인 라인하르트 하이드리히가 시킨 대로 했을 뿐이며 자신은 전혀 잘못이 없다는 태도로 일관했다. 아이히만은 모든 혐의에서 유죄판결을 받고 1962년 5월 교수형에 처해진다.

    전 세계의 많은 사람이 그 대단한 악행을 저지른 아돌프 아이히만이라는 인물은 틀림없이 뿔 달린 악마이리라 여겼다. 하지만, 여기서 소위 "악의 화신"이라 알려진 나치는 예상과 전혀 다른 인물로 드러난다. "유대인들에 대한 범죄, 인류에 대한 범죄, 그리고 전쟁 범죄로 기소당한 피고 아이히만은 (…) 작은 키에 숱이 가늘어진 머리카락을 지닌 그는 실망스러울 정도로 평범해 보였다."[7]

    『예루살렘의 아이히만』에서 아렌트는 아이히만이 극악무도한 악마가 아닌, 평범한 인간임을 강변한다.

아렌트에 따르면, 아이히만이 유대인 말살이라는 반인륜적 범죄를 저지른 것은 남다른 악마성을 지녔기 때문이 아니라, 아무런 생각 없이 자신의 직무를 수행하는, '사고력을 결여한' 인간이었기 때문이다. 아렌트는 사유를 그저 원래부터 주어진 것으로 여기거나 계산적 합리성을 추구하는 것으로 이해하지 않는다. 그에게 사유는 다른 이와 상호적으로 연결되어 있음을 인지하는 것이며, 비판의 능력이다. 아렌트는 이러한 사유에 의지해 사실을 탐구하면서 진실을 바로 보고자 했다.

　아렌트는 아이히만의 범죄를 단지 유대인에 대한 범죄로 규정해서는 안 된다고 판단했고, 이를 인류에 대한 범죄로 규정한다. 아렌트에게 정의는 보편타당한 것이다. 정의의 실행은 특수하게만 일어나는 것이 아니라 모든 이에게 공평하게 시행되는 것이다. 아이히만이 단지 유대인을 죽였기 때문에 범죄자라면, 아이히만의 재판은 유대인의 복수에 불과한 것이 된다. 아이히만을 처벌할 정의가 유대인만의 것이라면, 유대인은 전쟁에서 나치에게 희생된 비유대인의 죽음에 대해 어떤 태도를 취할 것인가?

　이 세기의 민족 학살 사건 앞에서 아렌트가 주장한 보편타당성은 이스라엘인과 유대인 공동체의 비난을 사기에 충분했다. 그들은 아렌트를 반민족적이라 비판했고 유대인 동포들을 배신한 자라 손가락질했다. 반감은 예상 이상으로 컸고, 이스라엘에서는 그의 저서가 한동안 판매 금지가 되었다.

아렌트가 이 책에서 밝힌 악의 평범성(Banality)은 악이 '별것 아니다'라는 뜻이 아니다. 악행이 자행되는 것은 누군가가 대단한 악인이라서가 아니며, 우리 일상의 평범한 사람들 역시 어떤 조건에서는 상상도 할 수 없던 악을 행할 수 있다는 것이다. 예루살렘에서 열린 아이히만 재판에서 드러난 악의 평범성은 관료제와 전체주의 속에서 누구든지 아이히만이 될 수 있음을 드러내며 파시즘의 민낯을 폭로한다. 이러한 악의 평범성에 대한 아렌트의 통찰은 이후 미국의 심리학자 스탠리 밀그램이 스탠퍼드 교도소에서 실시한 권위에 대한 복종 실험을 통해서 입증된다.

1961년 예일대학의 심리학과 조교수 스탠리 밀그램은 사람들이 복종에 굴복하는 이유가 상황에 있다고 가정하고, 설득력 있는 상황이 생기면 아무리 이성적인 사람이라도 윤리적, 도덕적 규칙을 무시하고 명령에 따라 잔혹한 행위를 저지를 수 있다고 생각했다. 그는 이를 증명하기 위해 '징벌에 의한 학습 효과' 측정 실험을 했다. 모집된 피실험자들을 교사와 학생으로 나누고, 교사 역할과 학생 역할의 피실험자를 각각 1명씩 그룹 지었다. 학생 역할의 피실험자를 의자에 묶고 양쪽에 전기 충격 장치를 연결한 뒤, 교사가 낸 문제를 학생이 틀리면 교사가 학생에게 전기 충격을 가할 수 있도록 했다. 여기서 학생 역할의 피실험자는 배우였지만 교사 역할의 참가자는 이를 몰랐으며, 전기 충격 장치도 가짜였다.

실험의 결과는 충격적이었다. 450볼트까지 전압을

올리는 사람은 0.1퍼센트 정도에 불과할 것이라는 예상과 달리, 65퍼센트의 피실험자가 450볼트까지 전압을 올렸다. 이들은 300볼트 이상은 위험하다는 표시를 무시했고, 고통스러운 비명을 지르는 학생 역할 배우의 호소를 무시했다. 전압이 너무 높아지면 배우들은 죽은 듯이 전기 충격에 반응을 보이지 않는 연기를 하기도 했는데, 교사 역할 피실험자는 자신이 죽인 것처럼 보이는 사람에게 계속 전기 충격을 가했다. 이 실험은 1971년 필립 짐바르도의 스탠퍼드 교도소 실험으로까지 확대되었다. 평범한 백인 중산층 남성들을 교도관과 수감자로 나누었을 뿐인데, 그들은 단 하루 만에 각각 '간수'와 '죄수'의 행동 양식을 보였고 실험은 극단으로 치달았다. 심지어 실험의 관리자인 교수조차 이것이 실험이고 자신은 실험을 관리하고 통제하는 자라는 것을 망각한 채 '교도소장'의 행동 양식을 보였다.

아렌트는 『예루살렘의 아이히만』을 통해, 사고의 무능성과 그에 따른 행동의 무능함이 도처에 자행되는 악을 야기한다고 결론짓는다. 악은 비범한 형식에서 비롯되는 것이 아니다. 옳고 그름을 인식하고 생각할 수 있는 능력을 제거하는 체제가 사람들을 순응하게 만든다. 이러한 통제의 체계가 파시즘이다. 파시즘은 사람들로 하여금 인종 학살과 같은 범죄에 가담하게 하고 학살에 무관심하게 한다. 인간 사유의 무기력에 기댄 파시즘은 인간의 사고를 체계 순응적으로 길들이고, 최종적으로 사람을 억압적 체계에 동참하게 하면서 악의 실행자로 만든다.

유대인 동포들의 힐난에도 불구하고, 아렌트의 통찰은 현재 이스라엘의 상황을 진단하는 데도 유의미하다. 학살의 피해자였던 유대인이 그토록 원하던 이스라엘 건설 후, 원 거주민인 팔레스타인에게 그 어떤 민족보다도 잔혹하게 대하고 있다. 팔레스타인 가자 지구에 퍼붓는 폭격을 오락처럼 지켜보는 이스라엘 보수파의 자가당착적 상황은 악의 평범성 개념이 내포한 의미를 다시금 반추하게 한다.

비판으로서의 사유에 대한 신뢰

> 사유한다는 말은 항상 비판적으로 생각한다는 뜻이고, 비판적으로 사유하는 것은 늘 적대적인 태도를 취하는 것이다.[8]

아렌트는 아이히만 취재를 통해서, '사유'를 마비시키는 '체계'를 비판한다. 아렌트는 사유에 한결같은 신뢰를 보내지만, 스스로를 철학자로 여기지는 않았다. 1964년 1월 독일의 한 텔레비전 시사 프로그램은 아렌트를 초청했고, 진행자는 곧바로 아렌트가 대단히 '남성적인 직업을 가졌다'는 것, 즉 철학자라는 사실을 강조한다. 프로그램 진행자는 아렌트에게, 세상의 인정을 받고 많은 존경을 받는 그도 여자라는 이유 때문에 자신이 학계에서 수행하는 역할을 독특한 것으로 인식하는지 묻는다. 아렌트는 이에 자신의 전공을 정치 이론이라고 대답한다.

아렌트는 스스로를 철학자라 느끼지 않으며, 철학계가 자신을 그 일원으로 받아들였다고 생각지 않는다고 말한다. 그리고 이렇게 덧붙였다. "철학이 남성적인 직업으로 남을 필요는 없다. 언젠가는 여성이 철학자가 되는 일도 전적으로 가능해질 것이다."[9] 많은 학문적 성과에도 불구하고, 아렌트는 철학이 여전히 '남성의 일'로 여겨지는 현실의 유리천장에 부딪혔다. 그러면서 그는 여성이 철학자로 미래에 대접받게 되기를 진심을 다해 기원한다.

이러한 그의 대답에서 나타나는 인식에도 불구하고, 아렌트에게 사유한다는 것이 주는 만족감과 기쁨은 분명하다. 그가 느끼는 사유의 만족감은 명예욕이나 과시욕과 무관해 보인다. 그의 사유가 타인에게 끼치는 영향력은 사유 자체와 무관하다. 사유가 아렌트에게 중요하다면, 그 이유는 사유로써 그가 세상을 이해할 수 있기 때문이다. 스스로를 영향력 있는 사람이라고 상상하느냐는 질문에 그는 "아니다"라고 대답한다.

아렌트에게 사유하기란 세상을 이해하기와 동의어다. 특히 "현실을 이해하기 위한 사유 능력으로서의 판단력"은 그 무엇보다 중요하다. 그러나 아렌트에게 사유하기를 통해 현실을 '이해한다'는 것은, 정적인 태도만은 아니다. 사유는 변화할 수 없어 보이는 사태를 움직여보기 위해 붙들고 협상하려는 시도이고, 그 사태와 화해하면서 다른 사건으로 나아가는 끊임없는 활동이다. 즉, 이해하기로서의 사유는 세상을 관조하는 것이 아니다. 이해는 이해하려는 자와 세계를 맞붙여 변화시키려는 행위다. 아렌트는 단언한다.

> 우리에게 도움을 줄 수 있는 유일한 것은 심사숙고하는(réfléchir) 것이다. 그리고 사유한다는 말은 항상 비판적으로 생각한다는 뜻이고, 비판적으로 사유하는 것은 늘 적대적인 태도를 취하는 것이다. 실제로 모든 사유는 엄격한 법칙, 일반적인 확신 등으로 존재하는 모든 것의 기반을 약화시킨다. 사유하다가 일어나는 모든 일, 거기에 존재하는 것은 그게 무엇이건 비판적으로 검토할 대상이 된다. 즉 사유 자체가 그토록 위험한 일이라는 단순한 이유 때문에, 위험천만한 사유란 존재하지 않는다. 이걸 어떻게 확신하느냐면…… 나는 아무 생각도 하지 않는 편이 훨씬 더 위험하다고 생각하기 때문이다. 사유가 위험하다는 것을 부인하지 않는다. 하지만 나는 사유하지 않는 것이 훨씬 더 위험하다고 말하겠다.[10]

아렌트 스스로가 철학자가 아니라고 말하는 데 망설임이 없었던 이유는, 철학은 단독자로서의 인간에 대한 통찰에서 시작한다는 그의 신념에서 비롯한다. 본인은 단독자로서 인간에 대한 통찰만이 아니라 세계 안에서 인간의 관계를 다루기 때문에, 철학자로 불리길 거부하고 세계 안에서 관계 맺고 살아가는 인류에 주목하는 정치 이론가를 자처한다.

　아렌트가 어떻게 생각했든 간에, 아렌트는 흔히 남성의 영역으로 여겨진 철학에 뛰어들어 자신의 힘으로 독자적 이론 체계를 구축했던 철학자다. 아렌트의 작업은 철학사의 길목에 들어서 있으며, 이데올로기와 테러가 야기한 악몽과 같은 정치 체제의 원인을 고찰하고 심화하여 윤리적 성찰과 더불어 독자적인 정치철학을 완성했다.

　또한 아렌트는 철학사에 '탄생성'이라는 개념을 새롭게 제시했다. 오랫동안 철학자들은 "철학함이란 죽어가는 것을 배우는 것"이라는 몽테뉴의 말에 따라 철학을 죽음과 관련시켰다. 한때 아렌트의 연인이었다고 기록된, 마르틴 하이데거 역시 그랬다. 혹자는 아렌트의 철학을 하이데거의 영향으로 해석하려 시도했지만, 아렌트는 『인간의 조건』에서 "인간사의 영역인 세계를 그것의 정상적이고 '자연적' 황폐화로부터 구원하는 기적은 궁극적으로 다름 아닌 탄생성이다. (…) 달리 말하면 기적은 새로운 인간의 탄생과 새로운 시작, 즉 인간이 탄생함으로써 할 수 있는 행위다"라고 쓰며,[11] 진정한 삶을 죽음 이후로 여기는 오래된 악습에서 벗어나, 지상에서의 탄생에서 비롯한 생생한 삶을 기꺼이 긍정한다.

　아렌트는 탄생성 개념을 통해서, 육체는 정신의 감옥이라 여겨온 서양 철학의 오랜 화두인 철학과 죽음 사이의 친화성을 깨뜨리는 것이다. 탄생은 중요하다. 아렌트의 말을 빌자면, "우리는 태어나는 순간 어떤 종류의 집단에 속하게 된다". 이러한 태어남-탄생으로 인해 우리는 세상에 속한다. 탄생성은 우리에게 공동체에 속함을 깨닫게 하고 '함께 살아감'으로 나아가게 하며, 이것은 공공성을 향한 노력으로 발전한다. 죽음이 아닌 탄생이 인간의 조건을 규명한다.

탄생성에서 출발하여 공공성으로 나아가는 아렌트의 사유는 『인간의 조건』에서 노동, 작업, 활동이라는 세계에서의 인간 행위로 구체적으로 제시된다. 특히 아렌트는 고대 그리스 시민의 정치적 경험에 근거하여, '활동'이라는 개념을 통해 그만의 정치철학을 전개한다. 개인들은 자유롭게 의견을 개진해야 하고 공적 공간은 행동을 일으키는 터로서 시민들에게 되돌려 주어져야 한다. 이러한 주장은 국가를 정치 행위의 단위로 삼는 일련의 생각을 넘어 다양한 정치적 활동을 주목하게 하며, 다양한 시민운동을 설명하면서 철학, 정치학, 여성학 등의 분야에서 계속 연구가 이루어지고 있다.

인간성에 대한 신뢰를 놓지 않은 철학자

한나 아렌트는 저서에서 특별히 여성을 언급하며 다룬 바가 없다. 그는 언제나 인간 공동체나 단독적 사유자로서 인간의 관점에서 철학적 사유를 전개해왔기 때문에, 오랫동안 여성에 무관심한 철학자로 여겨졌다.

그러나 아렌트는 누구보다도 남성 중심 사회에 묶인 여성의 위치를 날카롭게 인식하고 있었다. 그가 저술한 라헬 파른하겐의 전기나 로자 룩셈부르크에 대한 재평가 활동 등을 보면 한나 아렌트가 여성을 등한시했다는 기존의 평가는 의문을 갖게 한다.

아렌트는 당시 철학계의 분위기를 잘 알고 있었고, 그 자신을 철학자로 여기지 않았다. 그는 충실하게 스스로의 사유 행위로부터 만족감을 얻는 동시에 무엇보다도 사유 행위의 비판적 기능과 활동적 움직임에 깊은 신뢰를 보냈다. 그러나 그의 철학은 이른바 '정통'인 남성 철학자의 계보에서 오랫동안 받아들여지지 않았으며, 정치철학자로서 그는 또한 좌파 우파 모두에게 비판받았다. 하지만 그 자신은 그런 스스로의 위치에 대해 전혀 신경 쓰지 않은 것 같다.

사실 한나 아렌트는 철학자의 별 아래 태어나 철학자로 살았다. 그는 단독자로서 사유하면서 정치적으로 행위한 인물로, 세속이나 그 자신의 평가와 상관없이 이미 철학자였다. 또한 누구보다도 여성 철학자가 주류 철학계에서 인정받기를 고대했다.

일평생 자신을 문젯거리로 여기며, 20세기와 더불어 사유하고 개입했던 철학자 한나 아렌트는 인간성에 대한 믿음을 놓지 않는다. 그가 신뢰한 이러한 '인간성'은 혼자 힘으로는 절대 획득되지 않는다. 인간성은 홀로 만들어질 수 없으며, 자신의 삶과 존재 자체를 공공성의 영역으로 향하는 사람들만이 함께 성취할 수 있다. 동시에 아렌트는 '전체 인간'을 내세워

이성을 광기로 몰아세우는 집단적 애정과 헌신을
경계한다. 그는 말한다.

> 나는 평생 그 어떤 사람들이나 집단을 '사랑'한 적이
> 없다. 독일인이건 프랑스인이건 미국인이건 아니면
> 노동계급이나 그와 비슷한 어떤 것도 마찬가지다.
> 나는 내 친구들만을 사랑했고, 내가 잘 알고 믿는
> 유일한 종류의 사랑은 개인을 향한 사랑이다.[12]

한나 아렌트가 사유의 비판적 힘을 통해 확신하려 한
것은 '인간성'이다. 훼손된 질서를 회복하고 피해 입고
상처받은 사람의 명예와 품위를 복원하는 정의가 될 수
있는 것은 이러한 인간성뿐이다.

그는 뉴욕에서 생을 마감하기 전까지 『혁명론』 『폭력론』 『공화국의 위기』 등을 출간했으며, 최후의 대작인 『정신의 삶』 3부작은 '사유'와 '의지' 두 부분만이 출판되었고, '판단'은 미완으로 남았다.

1. 한나 아렌트, 『한나 아렌트의 말』, 윤철희 옮김, 마음산책, 2016, 98쪽.
2. 같은 책, 29쪽.
3. 같은 책, 46쪽.
4. 한나 아렌트, 『라헬 파른하겐: 어느 유대인 여성의 삶』, 김희정 옮김, 텍스트, 2013, 13쪽.
5. 한나 아렌트, 『어두운 시대의 사람들』, 홍원표 옮김, 인간사랑, 2010, 57쪽.
6. 같은 책, 83쪽.
7. 마이클 우드 외, 『죽기 전에 꼭 알아야 할 세계 역사 1001 DAYS』, 박누리 외 옮김, 마로니에북스, 2009.
8. 한나 아렌트, 『한나 아렌트의 말』, 180쪽.
9. 같은 책, 20쪽.
10. 같은 책, 58쪽.
11. 한나 아렌트, 『인간의 조건』, 이진우·태정호 옮김, 한길사, 1996, 312쪽.
12. 한나 아렌트, 『한나 아렌트의 말』, 70쪽.

가야트리 차크라보르티 스피박

1942~
타자로 재현되길 거부하며 듣기의 윤리학을 요청하다

다락방의 미친 여자의 목소리를 들어라

> 드디어 나는 내가 왜 여기에 끌려왔는지를 알게 되었고, 무엇을 해야만 하는지도 알았다. 바람이 어디서 불어왔는지 촛불이 깜박거리고, 나는 촛불이 꺼졌다고 생각했다. 그러나 내가 손으로 바람을 막아주자 촛불은 다시 살아나 타오르기 시작했다. 내가 가는 이 캄캄한 길을 밝혀주기 위하여.[1]

『제인 에어』의 독자라면 어렴풋이 기억할 수 있는 다락방의 미친 여자 버사 메이슨. 우리는 오랫동안 손필드에 감금되었다가 집에 불을 질러 죽은 버사 메이슨을 잊고 있었다.

버사 메이슨을 다시 떠올리게 된 것은 진 리스 덕분이다. 진 리스는 흑인 원주민과 백인 사이의 자손인 크리올계 어머니와 웨일스계 아버지 사이에서 태어나 16살 때까지 서인도제도 도미니카에서 자랐다. 그는 수많은 크리올 상속녀가 영국 남자와 결혼한 후 광녀로 낙인 찍혔다는 이야기를 듣고 『광막한 사르가소 바다』를 쓰기 시작한다. 진 리스는 말했다. "나는 그(버사 메이슨)에게 하나의 삶을 써주도록 하겠다."

그는 샬럿 브론테의 『제인 에어』를 『광막한 사르가소 바다』로 다시 쓰면서, 다락방 속에 갇힌 '미친' 여자, 버사 메이슨의 목소리를 복원하는 시도를 한다. 『제인 에어』에서 줄곧 버사라고 불렸던 그의 원래 이름은 앙투아네트 코즈웨이다. 『제인 에어』에서, 자메이카의 크리올계 여성 앙투아네트의 기묘한 매력은 19세기 영국에 불결함 혹은 부정함으로 비쳐질 뿐이다.

    영국 본토에서 건너온 앙투아네트의 남편인 로체스터는 제인 에어에게 "버사를 사랑한 적도 존중한 적도 없다고, 그녀를 알지도 못했다고 고백"한다. 로체스터는 불가해하기에 매력적인 앙투아네트에게 매혹되었지만 그를 이해할 수 없었고, 사실상 이해하려 하지도 않았다. 로체스터를 사로잡던 매혹은 곧 강렬한 증오로 바뀐다.

> 나는 산들도 언덕들도 강들도 비도 증오하고, 그 색깔이 무엇이든 간에 황혼도 증오한다. 나는 이곳의 아름다움도 매력도 그리고 내가 결코 알아낼 수 없는 비밀도 증오한다. 나는 이곳의 아름다움 속에 내재한 무관심도 잔인함도 증오한다. 무엇보다도, 나는 이 여자를 증오한다. 왜냐하면 이 여자는 그 매력과 아름다움의 일부이기 때문이다.[2]

앙투아네트. 자신의 의지와 상관없이 매혹과 증오라는 양가적 감정의 대상이 되어버린 그. 로체스터에게서만이 아니었다. 앙투아네트는 자메이카에서는 피부가 하얗다는 이유로 자메이카인들에게 배척당했고, 백인들은 그가 겉만 하얗지 흑인의 혈통이라는 이유로 무시했다.

    앙투아네트가 가장 바란 것은 타인의 이해였다.

하지만, 그를 사랑한다던 로체스터는 앙투아네트가
자신을 사랑해버리자마자, 그에게 '버사'라는 영국식
이름을 붙였으며 멋대로 단정 짓고 이해 가능한
존재로 만들어버렸다. 잔혹하게도 로체스터는 거칠게
앙투아네트를 설명하고선, 그에 대한 신비로움이
사라지자 앙투아네트에게 흥미를 잃는다. 앙투아네트는
그 누구에게도 이해받지 못한 채, 영국으로 끌려와
다락방에 갇힌 미친 여자로 남는다.

    사르가소 바다는 버뮤다 삼각지대에 위치해 있다.
사르가소 바다는 전설이 잠들어 있는, 많은 배의 앞길을
막아내는 바다다. 가야트리 차크라보르티 스피박은
결코 건널 수 없는 관계를 떠올리게 하는 사르가소
바다에서 서구 백인 남성이 가두어버린 목소리, 광기로
치부되어버린 앙투아네트의 목소리를 불러낸 진 리스의
소설에 매료되었다.

    『제인 에어』는 오랫동안 가부장제하에서 여성의
독립과 여성의 성장 서사를 다룬 작품으로 높이
평가되었다. 그러나 스피박은 진 리스의『광막한
사르가소 바다』를 독해하면서『제인 에어』의 서사에
문제를 제기한다.『제인 에어』의 서사는 버사를 인간과
동물의 경계선상에 있는 인물로 묘사하면서, 제인을
야만성을 극복하는 로체스터의 구원자로 등장시킨다.
『제인 에어』에서 앙투아네트(버사)는 로체스터의
몰락을 가져오고 제인을 내적 성숙에 이르게 하는
장치로 쓰일 뿐이다.『제인 에어』에서 버사는 야만성과
동물성의 영역에 머물며, 서구의 문명에 대립하는

비서구의 야만으로 그려진다. 그저 미친 여자로 남아버린 비서구인 앙투아네트, 그는 '말하지 않는다'고, 모두가 생각했다.

그러나 스피박은 앙투아네트의 목소리에 귀 기울인다.

"버사는 내 이름이 아니에요. 다른 사람의 이름으로 나를 부르는 것은 나를 내가 아닌 다른 사람으로 만들려는 거지요?"[3]

스피박은 조심스럽고도 차분하게 앙투아네트의 말을 들으며, 앙투아네트를 결코 이해보려 한 적 없던 사람들이 그를 그저 그런 미친 여자 버사로 재현하는 무자비한 시도에 반대한다. 버사를 야생 속 광기 어린 동물적 존재로 취급하면서, 미쳐 날뛰어 스스로 지른 불에 목숨을 잃게 하는 『제인 에어』의 서사 구조는 서구 주체가 인식하는 타자에 대한 인식의 폭력성을 여실히 보여준다.

가야트리 차크라보르티 스피박은 크레올 여성 버사 메이슨의 사라진 이름 앙투아네트를 복원해낸 진 리스의 소설에 주목했고, 오랫동안 재현될 수 없는 것을 일방적으로 재현해온 서구의 오래되고 낡은 인식 틀을 비판하며 직접 그녀들의 말에 다가선다.

출처가 다양한 인용으로 만들어진 삶:
여행하고 교섭하기

> 사람들이 한 장소에 뿌리를 두고 있는 것을 느끼지
> 않는 편이 중요하다. 따라서 나는 어디에서도, 어떤
> 의미에서 여행하고 있다고 느낀다.[4]

스피박은 데리다의 해체론과 마르크스주의와 페미니즘, 포스트식민주의를 교차시키며 새로운 패러다임을 만들어내고자 한 사상가다. 특정 언어나 장소에 딱 들어맞는 정체성으로 누군가를 설명하는 데는 언제나 한계가 있겠지만, 스피박에 대해서는 특히 어렵다. 스피박, 그에 대해 이야기하려면, 여러 인터뷰에서 밝혔듯이, 자신의 삶을 일종의 여행으로 이해한 그의 생각을 따라가야 한다.

    스피박이 스스로를 여행하는 존재로 규정하고 자신을 지나온 길로 설명한다는 것은, 그의 정체성을 하나로 이야기할 수 없음을 의미한다. 스피박은 1942년 인도 콜카타에서 태어나, 한곳에 머무르다 다시 다른 곳으로, 끊임없이 길 위에서 그다음 여정을 시작해왔다. 스피박은 자신의 정체성을 다양한 출처를 지닌 인용들로 이루어진 글로 이해했다. 스피박의 인용들은 그가 지나온 장소와 역사를 보여준다. 스피박에게 있어 '나'라고 말해지는 것들은 완벽하게 매끈한 하나가 아니라, 누빔 이불처럼 누벼지고 다시 누벼진다.

    콜카타에서 태어났지만 스피박에게 완벽한 고향은

없다. 스피박은 자신이 살아온 삶을 하나의 목소리로
말하지 않는다. 또한, 스피박에게 모국어는 존재하지
않는다. 태어난 인도의 벵골어도 글을 써왔던 영어도
스피박에게 모국어는 아니다. 그는 자신이 영어도
벵골어도, "대단히 노력하지 않고는 쓸 수 없다"고
명시한다. "영어나 벵골어 중 나는 어느 편이 자연적
언어이고 어느 편이 인공적 언어라고 인식할 처지가 못
된다."[5]

언어가 사유와 긴밀한 연관을 갖는다는 점을
생각한다면, 스피박에게 두 언어 중 어떤 것도 완벽히
자신을 설명할 수 없음의 감각은 중요하다. "나는 두
문화에 걸쳐 있지만, 두 나라 중 어느 곳에 있어도 모국에
있는 느낌이 아니다."[6] 그 사이에 있음의 감각으로부터,
자신의 정체성을 여행으로 이해한 스피박의 말을 이해할
수 있다.

콜카타대학에 막 입학할 무렵 그는 아버지의
죽음으로 경제적 어려움에 처한다. 스피박은 일주일에
40시간을 영어교사로 일하면서 1959년 영문학 학사를
받는다. 그는 토론에 능했는데, 영어와 벵골어 모두로
토론이 가능한, 국가기관이 인증한 토론 챔피언이기도
했다.

스피박은 1961년에 미국으로 가 코넬대학에서
학자금을 대출받아 학교를 다닌다. 1962년
영어학과에서 더 이상 재정 보조를 받을 수 없게 되면서
비교문학과로 전과하고 같은 학교 대학원에 진학한다.
대학원에서 그는 윌리엄 워즈워스에 관한 석사논문을

쓰고 윌리엄 버틀러 예이츠에 관한 논문으로 박사를 받은 후 아이오와, 피츠버그, 브라운, 오스틴 텍사스대학, 스탠퍼드대학 등에서 강의를 한다.

그러던 와중 스피박의 인생에 일대 변화를 일으킨 사건이 일어난다. 자크 데리다의 『그라마톨로지』의 저작권을 직접 구입하여 영역한 것이다. 이 번역서는 책의 명성을 돋보이게 하는 훌륭한 번역뿐 아니라, 책머리에 붙인 역자의 '비판적 서문'으로 널리 알려지게 된다.

스피박은 영어판 『그라마톨로지』 서문에서 지배 담론이 지니는 억압성과 폭력성을 드러내기 위해 데리다의 해체 전략을 독자적인 관점에서 해설하면서, 비서구 문학과 언어 및 목소리에 관한 논의로 향한다. 스피박에 따르면, 세계에 대한 지식은 동일성이 아니라 환원 불가능한 차이에 의해서 가능한 것이다. 무언가를 인식한다는 것은 내가 아는 바를 초과하는 것이다. 세계는 세계를 알고자 하는 주체에 의해 다 파악되거나 재현될 수 없다. 그러나 지금까지 서구의 시각은 모든 것을 다 알 수 있다는 식으로, 차이로 가득 찬 세상을 보편화하고 일반화했다. 스피박은 데리다의 해체론과 마르크스주의, 페미니즘, 탈식민주의를 가로지르면서 이러한 오만한 서구의 거대 담론과 지배 담론에 저항한다.

> 다른 누구와 마찬가지로 나 역시 완전히 다원적이라는 인상을 갖게 된다. 이 말은 일반적인

의미에서다. 동시에 나는 어느 일정한 역사를 이어받고 있다. 벵골의 대도시에서 태어나 식민지 이후의 교육을 받고 유럽의 사정에도 숙달한 마르크스주의자이며, 또 그렇게 되었다. 유럽의 사정에 관해 유럽인보다 더 유럽적이 된 것이다. 이는 살아남기 위한 필요성에서 식민지 후의 모종의 자부심과 교차되었기 때문이다. 독립 후의 젊은 지식인 첫 세대이며, 제1 국제화 물결 이래 서서히 변천해온 마르크스주의 교육 일체를 몸에 배게 하고, 출국해서 처음에는 학생으로, 다음에는 교사로서 등등, 미국의 60년대를 살았다. 나는 여태껏 매우 많은 것을 배우고, 배움으로써 내가 일찍이 썼던 내용들을 새로운 방법으로 해석할 수 있게 되었다. 이런 일은 누구에게나 일어날 수 있겠지만 다른 사람들의 저작에서는 눈에 띄지 않는다. 이런 식으로 나 자신을 되풀이함으로써 항상 움직이고 있다는 것, 항상 뭔가의 방법으로 인용 가능하다는 것을 알 수 있다. 좁은 의미에서 그것은 스스로의 인용 가능성의 장소를 표시하는 것이다.[7]

스피박이 콜카타로 잠시 돌아왔을 때의 일화가 있다. 그때 그는 최신 유행으로 짧게 자른 소위 페미니스트 스타일이라 불리는 커트 머리였고, 두 번째 이혼 후 새로 결혼한 지 얼마 되지 않은 시기였다. 스피박이 인도에 도착했을 때, 사람들은 그를 가엾게 보거나

업신여겼다. 그의 헤어스타일과 너무 큰 키 그리고
옷차림 때문이었다. 인도인들의 시각에 짧은 머리는
과부를 상징했고, 너무 큰 키는 남자인지 여자인지
구별 불가능한 망측함을 느끼게 했다. 게다가 스피박의
옷차림은 가난한 사람들이 할 법한 형편없는 차림새로
여겨졌다.

 스피박은 머리 모양, 체형, 옷차림 등이 문화권마다
다르게 해석될 수 있는 사례로 이 일화를 이야기한다.
인도에서 인정받는 결혼의 기준 역시 마찬가지다.
스피박의 여동생은 한 남자와 사랑에 빠져 결혼을 했다.
남자는 총명하고 친절하고 선량하며 사회적으로도
성공했지만, 인도의 신분 제도에서 스피박의 동생보다
위치가 낮았다. 그들은 분명 결혼을 했지만, 인도에서
여성이 자신보다 계급이 낮은 남자와 결혼하는 것은
불가능한 일이다. 인도의 기준에서 그들의 결합은
결혼으로 인정되지 않았다. 미국에서 스피박의 여동생은
기혼자였지만 인도에서는 미혼자로 대우받았다.

 이런 문화권들 간의 차이를 인지하되 스피박은 그저
차이의 감각을 식별하는 데 그치지 않는다. 그는 자신과
더불어 있는 장소에서 교섭을 시도한다. 교섭은 때론
거칠게 소리 지르기, 욕하기일 수도 있고 다른 이들이
자신을 부르는 이름을 교정하기 위한 요구일 수도 있다.

> 내가 이해하기로 인간은 개입하려면 교섭하지
> 않으면 안 된다. 23년간 가르치면서 내가 배운 것이
> 있다면 사람들의 입장이 약하면 약할수록 더욱

> 교섭하지 않으면 안 된다는 것이다. 담론에 의한 교섭에 대해서 이야기하거나, 대등한 자끼리의 교섭이나, 단체교섭을 뜻하는 것은 아니다. 즉 서양의 자유주의에 의해서 구성되어 있다면, 서양 자유주의의 속박의 내부에서 그것을 열어가면서 어떤 적극적인 역할을 짊어질 수 있는가를 알기 위해서 교섭하지 않으면 안 된다. (…) 자신이 그 일부를 이루고 있는 구조에 개입해야 된다는 생각이라면 그것이 가장 교섭된 입장이라고 생각한다. 인간은 그러한 구조에 정착할 때까지도 개입해야 하기 때문이다.[8]

40대 후반의 스피박은 델리의 길거리에서 달리기 시작했다. 인도의 관습에서 그것은 있을 수 없는 일이다. 그 나이의 여자는 아무도 달리지 않는다. 스피박이 달리자, 길거리에 있는 모든 남자의 눈이 스피박을 향했다. 그들은 시선으로 징벌하는 데 그치지 않는다. 나이 든 남자, 상류계급 사람들은 그에게 다가와 침을 뱉었다. "그래도 상관없다"고 스피박은 말한다. 그는 그들의 눈을 똑바로 쳐다보며 함께 침을 뱉었다.

"그랬더니 그자들은 허겁지겁 달아나버렸다. 반면에 콜카타에서는 침은 뱉지 않고 말을 했다. 그래서 나는 그들을 향해 아주 우아하면서 음탕한 벵골 말로 끔찍한 소리를 내질렀다. 나는 거리의 말을 아주 잘 알고 있었다. 내가 거기서 자랐으니까."[9]

스피박은 벵골에서, 콜카타에서 누구도 감히 하지

않는 행동을 한다. 그는 서구 페미니스트의 시선에서 벵골과 콜카타의 낙후함을 이야기하려는 것이 아니다. 인도인들은 키가 큰 스피박을 보고 계집애야 사내야 떠들며 짓궂게 성별을 궁금해 했고, 영어권이나 불어권의 사람들도 자신들보다 한참 키가 큰 스피박에게 남자들을 칭하는 서(sir)나 무슈라 부르기도 했다.

    스피박은 자신을 그들의 기준에 맞춰 '제3세계 여성'이라 부르지 말라고 요구한다. 권력이 집중된 서구 세계를 선망해 자신의 출신과 인연을 끊고 서구에 편입되고자 한 속물주의자라서가 아니라, 이른바 '제1세계'가 자신을 일방적으로 규정하는 방식에 불만을 표출하기 위해서다.

    또한 그는 누군가가 자기 대신 말해주길 원하지 않았다. 스피박은 스스로 말할 기회를 갖고자 한다. 자신의 목소리로 말하고 싶어서 그는 벵골과 콜카타의 거리에서 달린다. 그러한 스피박을 징벌하려고 거칠게 욕하고 무례하게 침 뱉는 남자들에게, 똑같이 욕하고 침을 뱉고 목소리를 낸다. 그리고 자신을 제3세계 여성이라고 분류하는 사람들에게 당신들의 세계를 1세계라 칭하지 말라고 큰 소리로 말한다. 스피박은 자기의 언어로 말하기 위해, 오랫동안 말할 수 없었던 사람들과 더불어 목소리를 높였다.

서발턴은 말할 수 있는가?

1988년 스피박은 「서발턴은 말할 수 있는가?」라는 논문을 발표한다. 서발턴(subaltern)이라는 말은 안토니오 그람시가 지배계층의 헤게모니에 종속되어 권력이 없는 하층계급을 지칭하기 위해 사용한 용어다.

스피박은 이 논문에서, '하위주체'로 번역될 수 있는 '서발턴'이라는 용어를 통해 영국 제국주의와 인도 가부장제하에서 자신의 목소리를 낼 수 없는 이중 억압의 상황에 처한 인도 여성들에 주목한다. 그는 하위주체를 위해 이들을 재현하거나 묘사하는 대신, 이들에게 '말을 걸어' 스스로 목소리를 낼 수 있게 하는 전략의 필요성을 역설한다.

질문의 형식을 취해 성찰을 촉구한 「서발턴은 말할 수 있는가?」는 서발턴은 결국 '말할 수 없다'는 회의적인 결론에 이르지 않는다. 실상 제목의 도발적인 물음은 서발턴은 말할 수 없다는 사실을 폭로하기 위한 것이며, 서발턴의 목소리를 들으려 하지 않는 조건, 그들에게 말할 권리를 주지 않는 상황을 직시하고 변화를 촉구하는 것이다.

스피박은 특히 소위 서구의 지식인들이 서발턴들을 말하는 것이 결국 서구의 시각에서 붙잡은 재현이라는 점을 지적한다. 단일하고도 매끈한 타자로 재현된 제3세계의 민중은 서구 주체의 욕망이 만든 허상이다. 서발턴은 결코 투명한 존재로 재현될 수 없다. 서발턴으로 단일하게 호명되는 존재들 사이에는 흐르는 균열이 존재한다.

스피박이 비판하는 미셸 푸코는 질 들뢰즈와 했던 지식인과 권력에 관한 대담에서 다음과 같이 주장했다. "재현이란 더 이상 없다. 행위만이 있을 뿐이다. (…) 서로 중개되고 네트워크를 형성하는 이론의 행위와 실천의 행위 말이다." 또한 푸코는 다음과 같이 덧붙였다. "대중은 완벽하게, 명확하게 알고 있다. 그들은 지식인보다 훨씬 더 잘 알고 있으며 알고 있는 것을 아주 분명하게 표현한다."[10]

그러나 스피박에 따르면 재현이 없다는 이러한 단정, 대중이 제대로 잘 표현한다고 말하는 푸코와 같은 지식인들의 단언은 서발턴의 목소리를 듣지 않았기에 가능한 것이다. 이들의 논의는 서발턴들 내부에 존재하는 이질성을 보지 못하며, 한 번도 발언조차 해본 적 없는 서발턴의 목소리를 덮어버린다. 이러한 문제가 발생하는 가장 큰 이유는 재현과 대표를 구분하고 있지 않기 때문이다. 스피박은 『루이 보나파르트의 브뤼메르 18일』에서 프랑스 소작농들이 자신들의 계급을 대표하는 것처럼 보이지조차 않는 나폴레옹을 어째서 자신들의 대표자로 택했는가를 논한 마르크스의 기술을 언급한다. 스피박은 다음과 같이 말한다.

> 재현에는 정치에서처럼 누군가를 대변(speaking for)한다는 뜻의 재현과, 예술이나 철학에서처럼 '다시–제시(re-presentation)'한다는 재현이라는 두 의미가 함께 작동한다. 이론 역시 오직

'행동'이기 때문에, 이론가는 피억압 집단을 재현하지(대변하지) 않는다. 실로 그 이론가 주체는 재현하는(현실을 적합하게 다시-제시하는) 의식으로 간주되지 않는다. 한편으로 국가 형성과 법 내부에서, 다른 한편으로 주체-서술(subject-predication)에서 재현이 지니는 이 두 가지 의미는 서로 관련되지만 환원될 수 없이 불연속적이다.[11]

재현(Representation)이라는 용어는 '재현'과 '대표'를 포괄하는 다의성을 지녔다. 두 개념은 동일하지 않다. 첫 번째로, 재현은 어떤 실재를 관념이나 표상으로 '다시 제시하는 것(re-presentation)'을 뜻한다. 다른 한편으로 이 단어는 '대표하기'를 뜻한다. 푸코와 들뢰즈는 재현과 대표를 구분하지 않음으로써, 그들이 유럽의 지식인들의 입장에서 말하고 있음에도 불구하고, 억압받는 타자들을 투명하게 대변하고 있는 것처럼 설명한다.

프랑스 소작농은 재현될 수 있었으나, 실제로 소작농을 대표한 건 나폴레옹이었으며 이러한 재현과 대표의 간극을 무시할 때에 서발턴의 목소리는 침묵에 빠진다. 이 과정에서 특히 이중으로 억압받고 착취당하는 여성 서발턴의 목소리는 더욱 억압된다.

서발턴에 대한 스피박의 고민은 남편이 죽은 후 스스로 뒤따라 죽음을 택하고 장작더미에 오르는 인도의 사티 제도에 대한 문제의식에서 출발했다. 사티 제도는 그 야만성으로 인해 1929년 영국 식민지 시기, 제국의 지배자 영국에 의해 폐지되었다. 사티 제도를

영국이 폐지했다는 사실은, 스피박에게 "백인 남자가
황인 여자를 황인 남자에게서 구해주고 있다"는 기묘한
문장으로 나타난다. 스피박은 묻는다. 정말로 '문명화된
백인 남자'가 우리 인도 여자를 야만의 인도로부터
구원해주었는가?

    사티를 낭만적으로 포장하는 사람들은 사티가
강요에 의한 것이 아니라, 여성 자신이 직접 선택한
것임을 강조한다. 여성은 죽은 남편의 시신을 화장하기
위해 쌓아올린 장작더미 위에 자신도 올라가겠다고,
원해서 선택한다. 그 고귀하고 숭고한 선택이 사티다.
민족주의자들은 '그들의 자살은 강요된 것이 아니다'라고
항변하면서, 사티 관습을 폐지하도록 강요하는 행위는
제국주의의 간교한 '민족 전통 말살 전략'이라고 말한다.
그러나, 정말로 사티는 여성 자신의 선택인가? 사티는
보편적인가? 우선 사티는 여성이라면 누구나 '원한다면'
할 수 있는 것도 아니다. 사티를 선택할 수 있는 여성은
카스트 제도에서 신분과 지위가 높은 왕족이나 귀족
여성이다. 이 여성들은 남편의 죽음으로 인해서, 이제 막
거대한 재산을 상속받았다. 만약 그들이 죽는다면, 그
재산은 대부분 다른 남성에게 상속된다.

    인도를 지배한 영국 제국주의 관점에서 보았을 때
사티는 비문명적인 야만이다. 페미니즘의 입장에서
보자면 이 관습은 여성의 자살을 강요하는 가부장제의
비틀린 산물이며, 여성은 인도 가부장제의 희생자다.
이것이 '여성 자신의 숭고한 선택'으로 포장될 때, 스스로
불구덩이로 들어섰다고 묘사된 자유로운 선택 주체 혹은

비문명과 가부장제의 가여운 희생자인 과부의 목소리는 어디에 있는가? 스피박이 착목한 지점은 여기다. 과부의 목소리와 마음은 그의 죽음과 더불어 침묵 속에 놓여버린다. 사티에 처한 인도 여성을 대신하여 말하고 그들의 입장을 재현하고 전달해주는 지식인들의 행위와 입장만이 남을 뿐이다.

결국 서발턴인 여성의 목소리는 들릴 수 없으며, 글은 읽힐 수 없다. 우리는 장작더미 앞에 선 그들의 목소리를 영영 들을 수 없다. "가부장제와 제국주의 사이에서, 주체-구성과 대상-형성 사이에서 여성의 형상은 본래의 무(無)가 아니라 폭력적인 왕복운동 속으로, 전통과 근대화 사이에 사로잡힌 '제3세계 여성'의 전위된 형상화 속으로 사라지고 만다."[12]

스피박은 어떻게 하면 이 과부의 목소리를 들리게 할 수 있을까를 고민하며, 서발턴인 그들의 목소리로 증언된 유산을 찾아 헤맨다. 그 노력의 일환으로 스피박은 새롭게 역사를 재구성하는 방식으로 '되받아쓰기'를 시도한다.

「서발턴은 말할 수 있는가?」의 끝부분에서, 스피박은 식민지 인도의 무장독립운동 조직에 있다가 자살한 부바네스와리 바두리를 조명한다. 스피박의 이모할머니인 부바네스와리의 자살은 오랫동안 의문에 싸여 있었다. 그리고 그의 죽음을 둘러싸고 오간 이러저러한 말들에는 여러 이데올로기가 전제되어 있다.

열여섯 내지 열일곱 살의 젊은 여성 부바네스와리

> 바두리는 1926년 북콜카타에 있는 자기 아버지의 평범한 아파트에서 목매달아 자살했다. 그의 자살은 풀리지 않는 수수께끼였다. 자살하던 때 생리 중이었으므로 불륜으로 인한 임신 때문에 자살한 것은 분명 아니었다. 부바네스와리는 인도 독립을 위한 무장 투쟁에 개입한 수많은 집단 중 한 단체의 구성원이었다. 이 사실은 자살한 지 거의 10년이 지나서야 밝혀졌다. 그에게 정치적 요인을 암살하라는 임무가 맡겨졌다. 그는 이 과업을 감당할 수 없었다. 하지만 신의를 지켜야 한다는 실제적 필요성을 알고 있었기 때문에 스스로 목숨을 끊었다.[13]

스피박은 부바네스와리의 자살을 일종의 저항으로 설명한다. 부바네스와리는 생리 기간에는 자살하지 않는 사회적 '금기'를 거부하고, 일부러 '더러운' 생리 기간을 골라 자살을 한다. 그는 어떤 식으로든 뭔가 말하고 싶어했다. 부바네스와리는 제국에 대항해 봉기한 여성이었고 동시에 인도에서 여성의 위치에 저항하여 죽음과 침묵으로 뭔가를 말하고자 했다.

    스피박은 부바네스와리의 자살에 깃든 목소리를 들으면서, 서발턴을 침묵에 빠뜨리는 인식의 폭력에 공모하지 말기를 촉구한다. 여기서 인식의 폭력은 서발턴의 단일함을 전제하는 것이다. 서발턴은 결코 하나로 호명될 수 없다. 서발턴의 이질성을 인정할 때 서발턴들과의 관계는 새롭게 수립되며 그들의 목소리는 들리기 시작한다.

즉 "서발턴은 말할 수 없다"란 주장은 그저 서발턴의 발언 불가능성을 부각하기 위한 것이 아닌, 실존하는 거대한 인식적 폭력을 넘어서 그 이질성을 인정하기이며, 서구 중심적 배움을 벗어나 그들과의 관계 수립을 모색하기 위한 것이다.

"서발턴은 말할 수 있는가?"라는 스피박의 질문은 "식민화된 서발턴 주체가 돌이킬 수 없이 이질적"이라는 관점의 전환을 제시한다. 이 논문이 발표된 지 30년의 시간이 흘렀지만 그 문제의식은 여전히 반향을 일으키며, 발터 베냐민의 「기술 복제 시대의 예술작품」(1936), 이사야 벌린의 「자유의 두 개념」(1958), 루이 알튀세의 「이데올로기와 이데올로기 국가장치들」(1970)과 함께 세계적으로 널리 읽히며 풍부한 논의를 끌어냈다. 그 영향력과 파급력은 발표 당시부터 지금까지 여전히 유효하다.

귀 기울이기의 윤리학

스피박은 '재현되지 못한 타자의 목소리에 귀 기울이기'를 윤리적 책임으로서 제기한다. 특히 기존 서구의 전통이 만들어내고 보편화한 이분법에 도전하면서, 서구 주체의 반대 항으로 설정된 타자라는 포괄적 용어에 함의된, 원자와 같이 단단한 본질적 정체성 개념을 거부한다.

　서구에서는 포스트식민 이주자와 포스트식민지의 엘리트층을 타자의 전형이자 제3세계의 대표자인 양 상정하지만, 실제로 그들은 출신 지역의 모든 사람을 대표하거나 재현할 수 없으며 그 지역의 타자들을 대변할 수도 없다. 서구의 주체 개념은 포스트식민지 거주자를 인종적 소수자의 전형으로 여긴다. 이는 인구학적으로 사실이 아닐 뿐 아니라 애초에 그들을 단일한 타자로 호명하는 것 자체도 불가능하다.

　'제3세계'로 불리는 단일한 타자를 설정하는 것은 서구 사회가 타자를 재현하고 소비하는 방식의 일환이다. 서구의 이런 방식은 자신과 '다른' 다양한 차이를 모두 제3세계라는 뭉툭한 범주 안에 몰아넣는다. 이런 범주에서 소비되는 타자는 결국 근대의 대문자 인간 개념을 공고히 해주는 타자성이다. 그것은 일종의 환상이다. 근대적 자아를 정의하고 정당화하기 위해 야만적 타자성을 상정함으로써만 유지되는 서구 근대 주체의 환상이다.

　대니얼 디포의 소설 『로빈슨 크루소』에 등장하는 프라이데이는 타자에 대한 서구식 환상을 보여주는 대표적인 예다. 프라이데이는 로빈슨 크루소가 표류한 섬의 원주민으로서 이후 크루소의 충실한 하인으로 거듭나는 존재로 묘사된다. 디포의 소설의 배경은 '무인도'이고, 여기에 '인간'은 이곳에 사고로 불시착한 크루소뿐이다. 식인종인 원주민은 자연의 일부이며, 인간이 아니다. 디포는 막 탄생한 동물에게 이름을

붙이는 최초의 인간처럼, 자신에 의해 새로 생명을
얻은 원주민에게 이름을 준다. 그들이 만난 것이
금요일이었기에, 로빈슨 크루소의 달력에 따라 그는
'프라이데이'가 된다. 그가 크루소와 만나기 전에 불렸을
이름은 지워진다.

　『로빈스 크루소』에서 원주민의 언어와 문화는
보이지 않으며, 그의 목소리로 발화하는 순간은
존재하지 않는다. 크루소는 프라이데이라 불리는
존재에게 자신의 말을 가르치고, 복종을 이끌어내며,
충성을 약속받는다. 서구의 문명을 훌륭하게 이식받은
충성스런 프라이데이는 서구의 상상이 만들어낸 선한
타자의 환상이며, 서구인에 의해 상상적으로 구성된
타자의 전형이라 할 수 있다.

　스피박은 이같이 서구의 환상에 따라 타자를
동질적인 하나로 묶어버리는 방식을 비판하며, 그 안에
교차하는 정치경제학, 이데올로기, 젠더, 언어 등의
불확정적이며 불연속적인 네트워크 속에서 서구가
타자를 구성하는 방식을 탐구한다.

　스피박은 타자를 서구 문명과 단절된 순수한
공간으로 상정하는 신화 또한 비판한다. 스피박은
자아에 오염되지 않은 순수 타자, 서구 문명의 손길이
미치지 않는 순수 공간을 인정하지 않는다. 타자란
언제나 불완전한 형태로 재현될 수밖에 없다. 타자를
완전히 투명하게 재현하기란 불가능하다. 타자란 타자를
인식하는 측에서 다 파악하거나 이해할 수 있는 지식이
아니기 때문이다. 결국 타자와의 관계는 온전히 이해될

수 없는 것이며, 그 과정이 다시 타자를 이해하려는
측에게 영향을 미쳐 서로 오염될 수밖에 없는 관계다.

　이러한 타자성을 드러내는 방식이 곧 타자에 대한
책임이며, 타자에 대한 반응이다. 여기서 스피박은 책임
있는 반응을 요구하는 것이다. 즉 그는 타자를 서구의
인식 틀로 환원하지 않으면서 그것의 표현 가능성을
완전히 포기하지 않는 '불가능한 것의 경험으로서의
윤리학'을 요청한다. 이러한 윤리학은 타자를 서구의
언어와 지식으로 구성하기란 불가능함을 받아들이며,
타자를 완전히 알 수 있다는 아집에서 벗어나는 태도를
취한다. '제1세계'의 지식인이 '제3세계' 혹은 타자를
대변할 수 있다는 발상은 일종의 오만이다. 오만에서
벗어나 단일한 타자를 넘어서는 무한히 다른 타자에
반응할 수 있을 때, 타자에 대한 책임감을 모색할 수 있는
길이 열린다.

　타자를 말하는 서구의 기존 방식을 비판하는 데
머물지 않고 스피박은 제3세계 출신 작가들의 문학
텍스트들을 조명하면서 재현되지 못한 타자의 목소리에
귀 기울인다. 알제리의 작가 아세아 제바르, 영국 작가
하니프 쿠레이시, 인도 태생의 영국 작가인 살만 루슈디,
남아공 출신인 존 쿳시, 카리브 해 출신의 진 리스 그리고
인도 출신의 작가 마하스웨타 데비 등의 작품을 소개하고
조명한다.

　스피박은 데비의 소설을 직접 번역하여, 이 작품을
'불가능한 것의 경험'으로서 타자와 윤리적 관계를
모색하고 타자의 부름에 보다 적극적으로 반응하고

있는 실례로 소개한다. 데비의 소설은 자아와 타자의 이분법이 갖는 문제를 드러내고, 타자를 전부 안다는 식으로 기술하지 않으면서도, 서로에게 맞닿기 위한 만남의 윤리적 특이성을 제시한다.

평이한 글에 속임수가 있다

좌파 이론가 테리 이글턴은 '난해한 좌파 이론은 성립될 수 없다'며 스피박의 글을 엘리트주의라고 비판했다. 그러나 글이 어렵다는 세간의 평에 대해 스피박은 이렇게 응수한다. "우리는 평이한 글에 속임수가 있다는 사실을 알고 있다."[14] 그가 지적하는 것은 쉽게 읽히는 글의 기만성이다. 쉽게 읽히는 글은 이미 우리가 복종하고 있는 문법과 사상 그리고 문화를 내포한다. 우리는 이러한 전제를 잊고, 글을 읽고 이해했다고 착각한다. 그러한 쉬운 글을 읽으면 읽을수록 오래된 낡은 집단 안에 깊이 묶여버려, 새로운 사고와 관점을 받아들일 수 없게 된다.

     때문에 스피박은 자신의 이론이 하나의 결론으로 쉽게 소비되는 것을 경계한다. 오히려 자본주의적 포섭에 저항하면서 해석에 해석을 낳아 새로운 글쓰기와 글 읽기가 무한히 증식되고 생산되기를 바란다. 주디스 버틀러는 복잡한 논리 속에 다층적 의미를 생산하는 스피박의 글이 수많은 활동가와 학자들을 고무시키며,

통찰력과 새로운 관점을 자극해 많은 사회 변화를
일으켰다고 비평한다.

1986년 이래 스피박은 보다 사회 참여적인 활동을
시작한다. 서벵골과 국경 지역 문맹자들을 교육하고
훈련하는 일이었는데, 이 일을 통해 그는 카스트
제도와 결합한 글로벌 자본주의가 일으킨 문제에
맞서 서발턴들의 목소리에 귀 기울인다. 그는 이들의
목소리를 찾고 그들의 인식론을 만들고자 최선을
다한다.

스피박의 노력은 인도 농촌 교육으로 확장되어,
천연비료와 토착 종자를 기반으로 한 농민 협동조합을
창립하려는 시도로 나아간다. 빈곤과 착취에 대항하는
프로젝트의 일환으로 그는 지역사회의 건강과 관련하여
화학 비료 유전자 변형 종자의 영향과 같은 문제 역시
살피고 있다.

이러한 스피박의 노력은 자국에서 그치지 않는다.
그는 이론가로서 국제적인 영향력을 행사하는 동시에
방글라데시의 청소년 교육과 아동 노동 문제, 인도의
부족운동, 남반구(제3세계)의 문학과 언어 및 목소리에
지속적 관심을 드러냈다.

학술 활동 역시 왕성하게 펼치고 있다. 1999년
출간된 『포스트식민 이성 비판』에서 그는 제3세계 아동
노동을 착취하는 기반 위에서 굴러가는 세계화를 비판해
큰 반향을 일으켰다. 이 책에서 스피박은 '전 지구화'라는
우리 시대의 상황에서 페미니즘과 해체론 그리고
마르크스주의 입장을 수용하여, 칸트, 헤겔, 마르크스를

재검토하고 수많은 이론가의 논의를 횡단하면서 철학, 문학, 역사, 문화를 비판하고 해설한다.

2000년부터는 테러 및 자살 폭탄 문제 연구에 초점을 맞췄다. 그는 버틀러와 함께 쓴 『누가 민족국가를 노래하는가』에서, 지구화 시대에 국가로부터 추방되고 이탈된 자들의 범위를 국경 밖에 있는 난민이나 이주자뿐 아니라 남반구의 개발도상국에 거주하는 이들로까지 확장하면서, 테러를 야기하는 정치경제적 상황을 분석했다. 그는 활동가로서 현실에 개입하면서 세계를 자신의 언어로 저술하는 작업을 충실히 이어가고 있다.

스피박의 주요 저서는 『나 자신을 다시 만들어야 한다』 『다른 세상에서』 『스피박의 대담』 『교육기계 안의 바깥에서』 『상상의 지도들』 『스피박 독본』 『포스트식민 이성 비판』 『경계선 넘기』 『지구화 시대의 미학 교육』 『칼리를 위한 노래』(공저) 등이 있다.

1 진 리스, 『광막한 사르가소 바다』, 윤정길 옮김, 웅진씽크빅, 2008, 239쪽.
2 같은 책, 219쪽.
3 같은 책, 187쪽.
4 가야트리 스피박, 『스피박의 대담』, 이경순 옮김, 갈무리, 2008, 106쪽.
5 같은 책, 106쪽.
6 같은 책, 199쪽.
7 같은 책, 107쪽.
8 같은 책, 176쪽.
9 같은 책, 210쪽.
10 미셸 푸코, 『푸코의 맑스』, 이승철 옮김, 갈무리, 2004, 189, 191쪽.
11 가야트리 스피박 외, 『서발턴은 말할 수 있는가?』, 태혜숙 옮김, 그린비, 2013, 61쪽.
12 같은 책, 129쪽.
13 같은 책, 133쪽.
14 스티븐 모튼, 『스피박 넘기』, 이운경 옮김, 앨피, 2005, 20쪽에서 재인용.

주디스 버틀러

1956~
삶을 계속 이어나가기 위해서, 욕망을 인정하기

무엇이 나의 삶을 견딜 만하게 하는가

2016년 6월 13일자 『뉴욕매거진』은 주디스 버틀러를 '흔히 말하는 남성성이나 여성성에 부합하지 않는 사람'으로 묘사했다. 귀 위까지 자른 짧은 커트 머리에 검은색 가죽 재킷을 걸친, 소위 '시크'한 옷차림의 버틀러는 셰익스피어 희곡에 등장하는 매력적인 주인공이나 멋진 이탈리아 청년처럼 보인다. 무엇보다도 미디어에 비친 버틀러는 우아하고도 지적인 태도로 질문에 응하는 철학계의 슈퍼스타다. 주디스 버틀러는 이른바 제3세대 '포스트모던 페미니즘'을 대표하는 여성주의 철학자이자 퀴어 이론가다. 버틀러는 1990년에 출간한 『젠더 트러블』로 충격과 논란을 일으키면서 대중적으로 명성을 얻고 지금까지도 왕성하게 활동하고 있다.

철학자로서 버틀러는 퀴어 이론과 페미니즘 이론을 통해 철학적 질문을 제기한다. 버틀러는 『젠더 허물기』에서 그의 철학적 문제 제기를 다음의 질문으로 제시한다.

"무엇이 나 자신의 삶을 견딜 만하게 하는가?"

버틀러의 관심은 '어떠한 조건이 나를 나로서 살게 하고, 삶을 견딜 힘을 주는가'에 있다. 이 질문은 이렇게 바꾸어 물을 수 있다. 어떠한 인간 조건이 나를 보편적 인간의 영역에서 몰아내고, 나로 하여금 삶을 포기하게 만드는가?

철학적 사유는 삶에 관한 질문을 던지는 것으로부터

시작한다. 사실상 철학적 물음은 '삶이란 무엇인가?'에서 출발한다. 삶의 시작과 원인에 대한 탐구에서 시작해 좋은 삶에 관한 질문으로 나아간 여느 철학자들처럼, 버틀러도 삶에 대한 의구심으로부터 좋은 삶과 그 조건을 향해 질문한다. 그리고 이에 그치지 않고 그는, 좋은 삶을 살 수 없는, 그 삶으로부터 배제당한 이들의 시선에서 삶에 관해 묻는다.

누구의 삶이 참된 삶으로 인정받는가? 살 만한 삶, 견딜 만한 삶이란 무엇인가? 좋은 삶의 기준은 누가 정하는가? 오랫동안 '좋은 삶'에 여성의 삶이 포함되지 않았던 것은 어떤 이유에서인가? 지금은, 포함되는가? 그렇다면 여성에게 좋은 삶이란 무엇인가?

우리가 철학에 처음 관심을 갖게 되는 시작점은 대체로 삶 그 자체에 대한 강한 욕망과 바람에서 비롯한다. 삶에 대한 욕망은 '왜 사는가?'라고, 삶의 의미를 묻게 한다. 삶의 의미 묻기는 삶 자체와 분리 불가능하다. 나의 삶이 언제 시작되고 언제 끝나는지를 누가 결정하는가? 삶이 나를 배제한다면, 나는 나의 이 삶을 어떻게 생각해야 하는가?

여기서 '삶의 의미'를 그저 도덕적 규범과 동일시한다면, 사람은 자기 삶이 '올바른 삶'에 부합하는지를 묻고 그에 따라 스스로를 재단하게 된다. 규범이 전시하는 성인들의 삶은 덕으로 불타오르고, 벽을 장식하는 저 너머의 세계는 아름답고 선명해 보인다.

나는 욕망을 가졌다. 하지만, 그 욕망은 흔히

상식이라 말하는 기준을 지닌 이들의 눈에는 언제나 불온하며, 더럽다. 그 욕망은 여기 밝고 빛나는 하늘, 그 아래 대지와 어울리지 않는다. 어두운 지하실에서, 아무도 마주치지 않은 먼지들 속에서, 나는 스스로를 낙인찍고, 욕망을 제거하고, 이래야만 살아갈 수 있는, 나의 삶을 증오하면서 살아간다.

버틀러는 계속 자신의 욕망에 관해 질문한다. 내 욕망은 틀린 것인가? 나는 여자의 옷을 입어야 하고, 여자답게 말해야 하며, 남자와만 데이트해야 하는가? 나는 생물학적 여성의 신체적 특징을 드러내는 옷을 입어야 하는가? 성적 욕망의 방향은 어디로 향해야 하는가? 내가 사람들의 눈을 피해 몰래 게이 클럽에 다니는 것은 잘못된 일인가?

삶에 대한 버틀러의 의문은 자신의 젠더에 대한 고민에서 시작된다.

"어쨌거나 나와는 결코 맞지 않는다고 생각했던 여성성은 분명 어딘가 다른 데 속해 있어서, 나는 여성성을 구현했거나 구현하려는 존재가 되기보다는 여성성을 바라보는 관객이 되는 것이 훨씬 더 즐거웠다. 그렇다고 내가 내 몸과 분리되는 것은 아니었다."[1]

버틀러는 자신의 욕망이 일반적이라 받아들여지는 삶의 조건과 어긋나 있음을 발견한다. 여기 지상에서, 내가 사랑하는 사람과 나를 사랑하는 사람들만이 아니라, 나를 싫어하거나 모욕하는 사람들과도 함께 살기 위해서, 나는 어떻게 해야만 할까. 이미 정해진 삶의 조건을 따라야 하는가. 그렇다면 욕망을 짓누르고 옷장 속의 어둠에 갇혀, 슬퍼하거나 스스로를 모욕해야 할 것이다. 주디스 버틀러는 캄캄한 옷장 밖으로 나오기로 결정한다. 이와 동시에 '삶의 조건을 바꾸겠다'고 결심하고, 행동한다.

버틀러의 철학적 시작은 이렇듯 삶을 살기 위한, 스피노자식으로 말하자면 삶의 에너지인 코나투스(conatus)를 증진시키기 위한 노력에서 비롯했다.

> 내가 겪는 어려움은 고집 때문도 아니고 의지가 흐려져서 생기는 것도 아닐 것이다. 그것은 단순히 이중적 진리에서 나온다. 우리는 살기 위해, 잘 살기 위해, 또 우리가 사는 사회 세계를 어떤 방향으로 변화시킬지 알기 위해 규범을 필요로 하지만, 때로는 규범이 우리에게 폭력을 가하기도 하고, 또 사회 정의를 위해 규범에 맞서 싸우면서 규범의 규제를 받는다는 이중적 진리 말이다. 아마 여기에는 혼란이 있을 것이다. 많은 사람이 폭력에 반대하는 것은 규범의 이름으로, 즉 비폭력의 규범, 존중의 규범, 삶 자체에 대한 존중을 지배하거나 강제하는 규범의 이름으로 일어나야 한다고 말할 것이기 때문이다.[2]

규범이 숨통을 조인다면, 우리는 그런 삶에 문제 제기해야 한다. 규범이 부여한 가치와 인간적인 것의 기준에 물음표를 찍고 다시 물어야 한다. 삶은 어떠한 것인가? 어떤 조건이 인간적인 것을 만드는가?

『젠더 트러블』에 도달하기까지:
욕망하기에서 인정의 문제로

> 특정한 방식의 욕망을 표현해도 내가 살아갈 수
> 있을까? 내가 삶을 영위할 자리가 있을까? 내가
> 사회적 존재가 되기 위해 의존하는 다른 사람에게
> 인정받을 수 있을까?[3]

주디스 버틀러는 헝가리와 러시아계 유대인 이민자의 후손으로, 1956년 미국 오하이오 클리블랜드에서 태어났다. 아버지는 치과 의사였고, 외가 가족 대부분은 홀로코스트의 희생자였다. 어린 시절부터 꽤 조숙했던 버틀러의 꿈은 철학자 또는 극장에서 공연하는 광대였다. 철학적 논의로 세계적 학자가 된 그의 현재를 보면 그 꿈은 지금에 와서 어쩌면 이루어진 것인지도 모른다.

버틀러는 유년기부터 10대 시절까지 유대인으로서 교육받았다. 히브리어를 배웠으며, 열네 살에 유대 회당에서 개최한 윤리 특별 강좌에 참석해 처음으로 철학 교육을 받았다. 철학을 배우기 시작했을 당시 버틀러는 무엇을 공부하고 싶은지 자신에게 물었고 이때 온몸이 열기에 휩싸인 듯 몹시 흥분했었다고 회고한다.

처음 철학 강좌에 들어선 청소년 버틀러는 곧장 열광적으로 질문하기 시작한다. 유대교가 스피노자를 파문한 이유는 무엇인가? 독일 관념주의는 나치즘의 발흥과 관련 있지 않은가? 마르틴 부버의 저작을 포함해 실존주의 신학을 어떻게 이해할 수 있는가?

버틀러는 다독가였다. 책을 읽을수록 더 많은 질문이 그에게 몰아쳤다. 철학적 사유를 갈망하고 그에 몰두했던 버틀러는 수업 중에 너무 말을 많이 한다는 이유로 랍비에게 혼나기도 했으며, 끝없는 질문으로 선생님을 괴롭히기도 했다.

버틀러는 어린 시절부터 자신의 성정체성을 인식했고 자신이 동성애자라는 사실을 10대 시절에 받아들인다. 본인도 밝히고 있듯, 『젠더 트러블』에서 다룬 드랙(drag)은 단순한 예시가 아니다. 드랙은 청소년 시절 그가 유일하게 성소수자로서 자신을 드러낼 수 있었던 게이 바에서 목도한 버틀러 자신의 생생한 경험이기도 하다. 당시 성소수자로서의 정체성이란 일상에서 아무렇지 않게 거론하거나, 밝은 낮의 시간과 평범한 주택가의 공간에서 드러낼 수 있는 것이 아니었다. 게다가 여성 동성애자인 레즈비언은 사회에서 지워진 존재로서, 함께 모여 경험을 나눌 수 있는 공동체도 거의 없었다. 이와 같은 자신의 청소년 시절에 대해 버틀러는 담담하게 이야기한다.

> 미국에서 어린 시절의 나를 설명할 수 있는 유일한 방법은 낮에는 헤겔을 읽고 밤에는 게이 바에서,

종종 드랙 바가 되기도 하는 곳에서 시간을 보내는 바 다이크(bar dyke)로 그려내는 것임을 알아두는 편이 좋겠다. 또한 나에게는 말하자면 그런 삶을 살아가던 친척이 몇 있었고 이런 '남자들'과 중요한 동일시를 겪었다. 그래서 나는 사회적이고 정치적인 투쟁의 한가운데서 문화적 순간을 겪으며 거기 있었다. 하지만 그 순간에 어떤 암묵적인 젠더의 이론화도 경험했다. 즉 소위 이런 남자들 중 몇몇은 내가 행할 수 있고 행하고 싶고 행하려는 것보다 여성성을 훨씬 더 잘 행동으로 나타낼 수 있다는 것을 빨리 깨닫게 된 것이다.[4]

자신이 레즈비언이라는 사실은 그가 대학을 선택하고 지원할 때 특히 고려해야 할 중요한 사항이었고, 버틀러가 베닝턴대학에 지원한 이유이기도 했다. 버틀러는 1974년의 이곳이 자신과 같은 젊은 동성애자가 다니기에 적당한 대학이라고 생각했다. 버틀러는 이 학교 출신으로 안드레아 드워킨 같은 급진주의 페미니스트가 있다는 것을 알고 있었다. 아마도 그 사실이 당시의 호모포비아적 사회에서 자신을 지켜줄 학문적 안정망이 될 수 있으리라 판단했을 것이다.

  2년 후 버틀러는 철학을 전공하기 위해 예일대학으로 옮긴다. 1970년대 중반의 예일대학은 특히 여성학이 새로운 학문 분야로 부상하고 있었고, 버틀러는 이러한 학문적 전환의 물결과 더불어 활발하게 활동했다. 버틀러는 예일대학에서 석사학위를 따고, 1984년에 같은 대학 철학과에서 헤겔에 관한 논문으로 박사학위를 받았다. 그리고 1987년 박사학위논문을 바탕으로 첫 책 『욕망의 주체』를 출간한다.

    버틀러는 사춘기 시절부터 헤겔의 저작을 읽어왔고, 특히 헤겔이 『정신현상학』에서 다룬 인정에 관한 논의는 버틀러에게 중요한 주제였다. 인정은 욕망을 인식하는 것에서 머물지 않고, 욕망을 승인하도록 하는 활동이다. 즉, 인정은 욕망에 머물러 있지 않고 욕망을 표현하면서 내가 나의 욕망을 인정하고, 그 욕망을 타인에게 인정받으면서 욕망의 자리를 사회 안에 놓는 일이다. 내가 내 욕망을 안다고 할지라도, 그것이 나의 욕망이라는 사실을 인정한다는 것은 쉽지 않다. 그리고 자기 자신이 인정한다 할지라도, 그 욕망이 혼자의 것에 그친다면 결국 그 욕망은 억압당할 뿐이다. 나의 욕망이 다른 사람에게 인정받을 때, 사람은 욕망을 표현할 수 있고 펼칠 수 있다.

    타인에게 욕망을 인정받는 것은 왜 중요할까? 우리의 삶 자체, 욕망 자체가 인간으로서의 생존 가능성을 생산하고 유지하는 인정 규범의 존재에 의존한다. 또한 인정은 타인의 삶과 나의 삶이 연결되어 있다는 생각을 일깨운다. 다시 말해, 나를 이루는 것들은 온전히 나만의 것으로 채워질 수 없다. 나는 타인과 연결되어 있기에, 내 밖의 다른 것들을 거쳐서 그들과 더불어 존재 가능하다. 우리라는 유대감이 자아를 형성하므로, 유대감의 상실은 우리에게서 평정심을 앗아가기도 한다.

무엇보다도 인정의 문제는 인간으로서 인정, 즉 이 공동체에서 함께 살아갈 자격을 얻는 것을 뜻하기도 한다. 우선은 생존의 차원에서 그리고 나아가 문화와 상징의 차원에서, 우리는 공동체를 필요로 한다.

> 어떤 사람 고유의 존재에 지속되는 욕망이 인정 규범에 달려 있다고 말하는 것은 그 사람의 자율성의 기반, 오랜 시간 그 사람을 '나'로 지속시킨 근거가 '나'를 넘어서는 사회규범에, 즉 복잡하고 역사적으로 변화하는 규범의 세계 속에서 '나'를 나의 바깥에 탈아적으로 두는 사회규범에 지속적으로 달려 있다고 말하는 것이다.[5]

인정은 나를 인간으로 만들며, 나는 인정에 근간한 규범에 의존하여 사회 속에서 살아간다. 인정 규범은 인간 개념을 만들어내고 인간됨이라는 지위와 위상을 부여하는 중요한 기제다. 규범과 관습은 사람들을 숨 쉬고 욕망하고 사랑하고 살게 만들면서 삶의 조건 자체를 제거하거나 제한한다. 규범과 내 몸을 합체해야만 나는 계속 존재할 수 있으며 허물어지지 않는다. 내가 나로 존재하려면 타인의 인정을 통과해야 한다. 나는 다른 이와 관계를 맺지 않고는 이 사회에 존재할 수 없다.

버틀러는 인정 규범의 보편성과 항존성을 의문시하면서, 인간을 인간으로 만드는 인정 규범의 다양한 기준을 제기한다. 규범은 나를 살게 하기도 죽게 하기도 한다. 그러나 규범이 나를 죽음으로 몰아세운다면, 그냥 죽을 수는 없다. 규범과 더불어서 살기 위해서라도, 규범을 비판할 수 있는 힘이 필요한 것이다. 버틀러가 인정 개념을 중요시한 것은 사회와 동화하기 위해서가 아니다. 오히려 인정에 대한 성찰은 인정 규범을 비판하면서, 같아지기만을 요구하는 사회에 저항할 수 있도록 하는 조건을 넓히고 확립하기 위해서 필요하다.

  버틀러는 이러한 인정의 문제를 이원적 젠더 규범에 적용한다. 젠더에 대한 규범적 관념은 누군가의 삶을 무너뜨리고 삶을 지속할 힘을 약화시킬 수 있다. 모든 힘이 소진되었을 때, 한 사람의 인격은 사라지며 죽음의 영역으로 향한다.

  오랫동안, 두 가지 젠더만이 인간으로 인정되었다. 이 둘 중 하나의 성이 아니라면, 그로부터 벗어난 성적 욕망과 성 정체성은 인정은커녕 인식조차 되지 못한 채 검은 침묵 속에 가두어졌다. 인정에 대한 버틀러의 오랜 고민은 청소년 시절 죽음을 택하고 마는 성소수자들을 생각한다면 충분히 이해할 만하다. 하지만 젠더와 성 그리고 욕망의 문제를 그저 이런 소수자들만의 고민으로 국한할 수는 없다. 성에 관한 권리에 대해 이야기한다는 것은 한 개인이 지닌 성적 욕망에 대한 권리를 논하는 것만은 아니다. 성에 대한 권리는 결국, 개인을 만들고 그 개인이 의존하는 규범에 대한 문제다.

  결국 기존의 젠더 규범에 문제를 제기한다는 것은 규범을 비판하는 일이고, 이는 규범에 의존하는

삶에 대해 묻는 일이다. 젠더 규범이 누군가의 삶을
지워버린다면, 그러한 삶이 살 만한가 물어야 한다.
젠더의 문제는 살 만한 삶의 가능성을 최대화하고,
사회적 죽음이나 실제 죽음의 가능성을 최소화하기 위한
노력에 직접 맞닿아 있다. 문젯거리로 등장한 젠더는
몇몇 사람만의 논쟁거리가 아니며, 분명 보편적 삶의
맥락 위에 놓여 있다.

  버틀러는 젠더 규범이 일으킨 폭력의 장면에서
시작해, 그 폭력에 억눌린 이들의 사회적 생존이
가능한 미래를 그리려 한다. 그러기 위해 이 사회에서
버틀러는 인정 밖에 머물러 동화되지 않은 채로, 인정의
새로운 기준을 고민해야 했다. 그 규범이 자신의 욕망을
받아들이도록 바꾸어야 했다.

    젠더는 문젯거리다: 젠더 트러블

> 정말로 우리가 성차의 틀을 따르든 젠더 트러블의
> 틀을 따르든, 난 우리 모두가 어떤 이상에
> 헌신하기를, 그 누구도 억지로 하나의 젠더 규범을
> 차지할 필요가 없는 이상을 이루는 데 우리 모두가
> 전념하기를 바란다. 경험으로 보건대 그런 젠더
> 규범은 살아낼 수 없는 폭력으로 경험된다.[6]

『젠더 트러블』은 젠더 자체가 트러블(문젯거리)임을

제기한 책인 동시에 버틀러를 그 자체로 트러블로 만든 책이다. 1990년 『젠더 트러블』이 출간됐을 당시 대학원생이었던, 『가가 페미니즘』의 저자 잭 핼버스탬은 버틀러의 이 책을 "여성의 범주가 다양하고 생산적일 수 있다는 것을 이야기하는"[7] 일종의 계시적 사건으로 기억한다. 『젠더 트러블』은 거의 질식 상태였던 고정된 정체성 정치를 일변시킨 중요한 전환점이었다.

    『젠더 트러블』이 처음 나올 당시 버틀러는 학계에서는 불안정한 위치에 있었다. 그는 동성애 이론가와 활동가들과 함께 동성애 혐오 세력과 문화에 저항하는 데 최선을 다하고 있었다. 버틀러가 이 책을 쓴 주된 이유는 가까운 친구 몇몇을 독자로 삼아, 활동가들의 노력을 지적으로 지지하기 위함이었다. 그는 이 책을 100~200명 정도나 읽을 것이라 생각했다고 한다. 하지만 예상과 달리 이 책의 파급력은 상상을 초월했다.

    버틀러는 『젠더 트러블』에서 '무엇이 젠더를 인식 가능하게 만드는가'라고 질문한다. "사실상 무엇이 젠더의 자격을 부여하는가 하는 질문은 이미 그 자체가 폭넓게 규범적인 권력 작용을 입증"하고 있다. 젠더의 사실적 특징이라 여겨지는 항목들은 '어떤 젠더라면 이래야 한다'는 규범과 분리 불가능하다. 가부장제 사회에서는 여자로서 기능을 해야만, 여자다. 그리고 그 틀에 의심을 던지면 그 사람은 젠더가 부여한 의미와 안정적 위치를 잃게 될 수 있다. 의심을 가진 자는 필연적으로 젠더 위치를 잃을지도 모른다는 공포를 곧장 느낀다.

버틀러는 말 그대로 젠더가 트러블이라는 사실을 제시했다. 이후에 『젠더 허물기』에서 스스로 밝혔듯, 『젠더 트러블』의 목표는 두 가지였다.

> 첫째는 페미니즘 이론 안에서 만연한 이성애주의라고 생각하는 것을 폭로하는 것이었고, 둘째는 젠더 규범과 어느 정도 거리를 두고 사는 사람들, 즉 젠더 규범의 혼란 속에서 사는 사람들이 스스로 살 만한 삶을 살고 있을 뿐만 아니라 특정한 종류의 인정을 받을 만한 자격도 있다고 생각할 만한 어떤 세계에 대해 상상해보는 것이었다.[8]

버틀러는 『젠더 트러블』을 쓸 당시에 유행한 프랑스 페미니즘의 영향을 받았다. 하지만, 버틀러는 모니크 위티그를 제외한 당대의 프랑스 페미니즘 전반이 문화적 인식 가능성에서 남성적인 것과 여성적인 것의 근본적 차이를 가정하고 있음을 발견했다. 버틀러는 이를 비판하면서, 기존의 이원적 젠더가 섹스와 연결되고 인과적으로 결정된다는 생각들에 균열을 내고 남/녀로 규정된 성차의 항구성이 이성애 제도에 있음을 지적한다.

특히 『젠더 트러블』은 기존의 젠더에 대한 생각이 이성애를 전제하고 있다는 점을 폭로한다. 버틀러는 이성애주의를 젠더와 당연한 듯 연관시키는 것을 비판했다. 남성, 여성 두 젠더만을 상정하는 체계는 이성애를 필요로 한다. 이 제도적인 이성애는 젠더를 남녀라는 이원적이며 대립적인 것으로, 남성 우위의 이분법적 체계에서 설명하고, 그에 걸맞은 의미와 용어를 생산한다.

젠더에 대한 이러한 관념은 섹스, 젠더, 섹슈얼리티 사이에 인과론적 관계를 사실상 전제한다. 이뿐 아니라, 섹슈얼리티가 젠더를 반영하고 표현하며 젠더 섹슈얼리티란 그러한 것이라고 가정하는 동시에, 젠더와 섹슈얼리티가 이성애 형식을 따른다고 여긴다.

이성애 제도에 근간한 이원적 젠더는 자신의 젠더가 여기서 벗어나 있다고 느끼는 사람들을 감추면서 비정상으로 몰아세운다. 이는 이성애의 정체성을 지니지 않은 사람들의 정체성을 이성애적인 모티프로 해석하면서 차별과 폭력을 낳는다.『젠더 트러블』에서 버틀러가 예시한 19세기 에르퀼린 바르뱅의 비극적 삶은 이러한 폭력의 역사를 보여준다. 그는 여성으로 태어났으나 이차성징을 겪으면서 남성성이 발현했고, 공청회와 의료 검진에서 남성이란 판별을 받게 된다. 이후 바르뱅은 연인과 직장을 동시에 잃고 떠돌다가, 자살로 생을 마감했다.

하지만 사실상, 젠더는 단순히 해부학적 사실에 기인하여 식별될 수 없다. 젠더의 경계와 의미는 당대의 지배적 담론이 만드는 인식 가능성과 인정 가능성에서 얻어진다. 젠더는 사회적으로 만들어지는 것이지, 결정적 내적 본질이나 완결적이고 고유한 속성을 지닌 개념이 아니다.

버틀러는 『젠더 트러블』을 통해서 이분법적 구조와 인과론, 자기동일성을 비판하고 이성애를 전제하는 이원론적 젠더의 출발점을 추적하는 젠더 계보학을 시작한다. 그의 젠더 계보학은 어떻게 남성성, 여성성이 생겨났는가를 역추적하고 탐구한다. 남성성과 여성성은 실재하는 어떤 근본적 속성이 아니며 누구도 피해갈 수 없는 필연성을 지닌 것도 아니다. 이원적 젠더 체계는 허구적이다. 이 점에서, 레즈비언 용어인 부치나 펨은 이성애적 남성성을 모방한 '남자 같은 여자'나 이성애적 여성성의 단순한 모방본이 아니다. 오히려, 남성성과 여성성을 근원적으로 설정한 젠더 이원론이 허구적이다.

무엇보다도 버틀러는 젠더 트러블이 존재하는 채로의 욕망을 전면에 배치하면서, 젠더 규범에서 벗어난 젠더 실천의 중요성을 강조한다. 그리고 묻는다.

"어떻게 특정한 성적 관행이 남자는 무엇이고 여자는 무엇인지를 강제하게 되었는가? 만일 젠더가 더 이상 규범적 섹슈얼리티를 통해 정리된 것으로 이해되지 않는다면 퀴어의 맥락에서 특정적인 젠더가 존재하는가?"[9]

젠더와 수행성 그리고 페미니즘

버틀러의 사유가 지닌 혁명성은 젠더가 주어진 것이 아니라 행위하는 것 즉 수행성(performativity)임을 밝힌 데 있다. 생물학적 섹스와 젠더를 구분하는 것은 무의미하다. 젠더는 고정된 본질적 정체성이 아니다. 흔히 타고난 특성이라 말하는 것은 실은 특정한 몸의 행위와 그에 따른 효과가 생산해낸 결과다.

젠더는 명사가 아닌 동사이고 '자유롭게 떠도는 인공물(free-floating artifice)'이다. 그러나 이러한 젠더 수행성이 '자유 의지를 가진 내가 젠더를 멋대로 행한다'는 의미는 아니다. 버틀러는 '본원적 나의 행위'라는 개념을 거부한다. 나의 행위는 언제나 다른 사람과 더불어 일어나며, 행위의 의미 역시 다른 사람들과의 관계에서 생겨난다. 버틀러에 따르면, 나는 행위할 수 없이는 존재할 수 없다. 행위할 수 있는 조건이 내가 존재하는 조건이고, 나의 행위는 타인과 연루될 수밖에 없다.

수행성의 의미는 우선 행위가 나의 의지와 무관하게, 행위의 규범과 그를 따르는 습관의 반복 속에 있음을 전제한다. 행위는 우리가 의지를 지녔다는 것만으로는 생겨나지 않는다. 오히려 행위란 마치 자동반사처럼 오랫동안 몸에 굳은 습관으로부터 비롯되며, 우리의 의지와 상관없이 길들여지고 부단히 행해지는 것이다.

버틀러는 젠더를 "본질의 외관, 자연스러운 듯한 존재를 생산하기 위해 오랫동안 응결되어온 매우 단단한 규제의 틀 안에서 반복된 몸의 양식이자 반복된 일단의 행위"라고 말한다.[10] '반복된 몸의 양식이자 반복된 일단의 행위'는 당대의 남성적이고 여성적인 몸에 대한 규범을 형성하며 이를 반복 수행하는 가운데 특정한 의미가 된다. 이 점에서 버틀러는 젠더를 일종의 행위인 수행성으로 설명하는 것이다.

즉 젠더를 수행성으로 이해할 경우에, 누군가를 여성이라고 말하는 것은 그가 생물학적으로 여성의 신체를 가졌다는 의미보다는 당대가 이상적 여성성이라 여기는 규범적 특질을 지녔다는 의미다. 그리고 이 이상적 여성성은 담론에 의해, 문화와 정치의 영향 속에서 형성된다.

젠더를 수행성과 관련시키는 논의는 언어를 단순히 현실을 묘사하는 것으로서가 아니라 그것을 바꾸는 말의 행위로 이해하는 언어철학자 존 오스틴의 작업을 통해서 가능했다. 버틀러는 언어에서 대명사와 같은 문제에 주의를 기울이면서 언어의 중요성을 강조한다. 그는 언어가 호모포비아적인 사고와 이성애적 젠더 모델에 기초해 있음을 폭로하는 동시에, 언어로 발화하고 행위하면서 호모포비아적 언어를 바꾸어내고자 한다.

젠더가 수행적이라는 젠더의 작동 방식을 이해한다면, 젠더를 생물학적이거나 해부학적 성질에 의해서 규정하는 견해를 비판하고 거기서 벗어날 수 있다. 그리고 이러한 기존의 사고방식에서 벗어날 때 우리는 젠더를 새롭게 인식하고 바꿀 기회를 얻게 된다.

젠더에 대한 새로운 관점은 페미니즘에도 새로운 관점을 제기한다. 버틀러는 페미니즘이 이성애주의에 기초하는 것이 아니라는 점을 분명히 한다. 또한, 젠더 이원론을 전제하는 페미니즘을 비판한다. 많은 페미니스트가 생물학적 운명이라는 생각을 거부한다 해도, 여전히 페미니즘이 남성과 여성이라는 이분법적 젠더를 가정한다면 새로운 선택과 저항의 여지는 가로막힌다고 버틀러는 생각했다.

> 평등이 의미하는 바가 남녀의 똑같은 대우를 의미하는가? 정의는 공정한 대우와 같은가. 페미니즘은 자신이 무엇을 의미하는지에 관해 더 분명하게 만들고 갈등을 일으키는 해석들과 타협하기 시작하려고 노력하면서 비평적 관심을 바로 자신의 전제와 관련되도록 함으로써 전진해나가는 운동이다. 페미니즘은 젠더 관계의 사회적 변화에 관한 것이다. 삶의 문제와 인간의 문제를 다 던져야 한다.[11]

버틀러는 여성의 범주가 어떻게 생산되는지와 관련해 페미니즘적 주체가 전제한, '하나의 여성'이라는 보편적·통일적 관념에 의문을 제기한다. 단 하나의 여성을 주창할 경우 여성은 가부장적 남성의 반대 항으로 기능하게 되어, 비판과 저항을 한다 해도 가부장제의 구속장 안에 갇히게 된다. 페미니즘은 남성과 같은 권리를 지닌다는 의미의 평등권을 주창하는 것 또는 여성이 남성과 같은 능력과 위상을 지녔음을 증명하는 방향에 머물러서는 안 된다. 혹은 이를 거부하고, 여성만의 특질로서 감성, 모성, 수동성을 훌륭한 위상으로 치켜세우는 방식에 그쳐서는 안 된다.

그래서는 결국 인간의 기준은 계속 남성인 채로 지속되어 여성은 명예 남성으로서 인간이 되거나, 그 인간 남성에 저항해 그 인간 남성에 의해 '결핍'이라 불리는 '여성적' 특징들을 옹호하는 방식으로 빠지거나 할 수밖에 없다.

 페미니즘은 양성평등이라는 허구성에 머물러선 안 된다. '여성'이 공통적인 특징과 관심사를 가진 집단이라는 주장은 인간을 여성과 남성으로 나누는 성 관계의 이원적 관점을 강화하면서 무의식에서부터 성 역할을 규제하고 성별화를 수행한다. 무엇보다도 페미니즘이 단 하나의 여성을 그리고 정체성의 정치에 얽매여 보편적·통일적 여성상을 재현할수록, 다양한 차이를 주창하는 여성은 지워진다. 버틀러는 말한다.

> 여성이라는 범주는 이성애적 모태 안에서 어느 정도까지 안정성과 일관성을 획득할 수 있을까? 안정된 젠더 개념이 더 이상 페미니즘 정치성의 근본이 되는 전제를 입증할 수 없다면, 아마 젠더와 정체성의 물화에 대항하는 새로운 종류의 페미니즘 정치학이 등장해야 할 것이다.[12]

이성애 중심적 페미니즘에 대한 비판은 결국 근대적 주체, 인간 중심주의를 해체하고 새로운 존재 방식을 모색하는 포스트모던의 입장이라고 불리는 푸코, 데리다, 들뢰즈의 철학적 사유와 함께 간다.

> 페미니즘이 언제나 삶과 죽음의 문제를

생각해왔다는 말은 어느 정도는, 어떤 면에서는 페미니즘이 항상 철학적이었다는 뜻이다. 우리가 어떻게 삶을 조직하는지, 어떻게 삶에 가치를 부여하는지, 어떻게 폭력에 맞서 삶을 지키는지, 어떻게 이 세상과 그 제도가 새로운 가치 안에 깃들게 만들 것인지를 페미니즘이 묻는다는 말은 페미니즘의 철학적 추구가 어떤 의미에서는 사회 변화의 목적과 일치한다는 뜻이다.[13]

버틀러는 페미니즘을 통해, 동일성, 정체성을 중심으로 남성과 인간을 일치시키는 철학을 비판하며 묻는다. "철학의 '타자'가 말할 수 있는가?" 그리고, '나'라는 유아론적 근대 주체를 넘어 새로운 철학적 사유를 전개한다.

계속되는 삶

버틀러는 1990년 『젠더 트러블』을 출간한 후 학계와 평단의 인정을 받았고, 1998년 『뉴욕타임스』는 코넬 웨스트와 나란히 버틀러를 슈퍼스타 교수의 사례로 인용했다. 한편 그의 저서는 비평가들에게 주목받는 입지를 차지한 동시에, 난해한 수사와 스타일로 인해 악명을 얻기도 했다.

　　버틀러는 1993년 캘리포니아 버클리대학으로

와서, 현재까지 비교문학 학부와 비평이론 프로그램의 맥신 엘리엇 교수로 재직 중이다. 버클리에서 그를 만나기는 어려운 일이 아니다. 지금도 버틀러는 수업을 하고 있고, 같은 대학 정치학 교수이자 파트너인 웬디 브라운과 함께 살고 있다. 오랜 시간 파트너로 지내온 버틀러와 브라운은 버틀러가 전 남편과 낳은 아이 이삭을 함께 키웠고, 성년이 지난 이삭은 현재 음악을 공부하고 있다. 버틀러는 이삭이 어렸을 때, 여자 둘이 부부인 우리 가족이 이상하지 않느냐고 물었다. 이삭은 이렇게 대답했다.

"그건 저에게 이상하거나 어려운 게 아니고요. 진짜 어려운 건 집안에 두 명의 학자가 있다는 거예요."[14]

버틀러는 스스로의 작업을 회고하며, 오랫동안 자신이 다른 종류의 문화를 제시하고 모범을 보여야 했으며 그것에 저항하는 이들과 대화해야 했다고 말한다. 이삭의 대답에서 보이는 것처럼, 현재의 젊은 세대에게는 버틀러가 일으키는 혁명적 사유의 변주가 비교적 작동하고 있으며, 버틀러의 논의는 온라인에서 얼마든지 쉽게 접할 수 있다.

그가 『젠더 트러블』을 집필하고 페미니즘에 새로운 물결을 일으킨 1990년대로부터 꽤 많은 시간이 지난 지금, 미국에서 페미니즘 논의는 여성만의 것이 아니며 사회에서 훨씬 폭넓게 공유하는 문제가 되었다. 미국뿐 아니라 세계적으로도, 이제 페미니즘의 논제들은 특히 젊은 세대에게 있어서 보다 뚜렷이 중요한 문제로 받아들여지고 있다. 버틀러가 학부를 다닌 40년 전에 비하면 지금 미국에서는 성별 이분법의 경계를 허무는 젠더 정체성에 대한 관심이 엄청나게 증가했다. 이제 미국의 학생들은 사회 정의를 다루는 과목에서 버틀러의 사유를 배운다. 젠더와 퀴어는 소수민족과 평등, 낙인, 다문화주의 등에 관한 올바른 정치 견해와 더불어 대중적으로 다루어진다. 버틀러의 『젠더 트러블』은 섹슈얼리티 연구에 있어서, 가장 혁신적인 논의로 한 획을 그었다. 확실히 그는 이전에는 한 번도 말해지지 않은 것, 사회적 차원에서 생각되지 못한 것을 생각하는 방법을 찾고, 말했다.

『뉴욕매거진』 인터뷰에 따르면 현재 버틀러는 버클리에서 퇴직하고 보다 자유로운 시간을 갖기를 기대하고 있는 듯하다. 하지만 은퇴를 앞둔 시점임에도 불구하고 버틀러는 작업을 더 다양한 영역으로 확장하는 중이다. 그는 아직까지, 그가 최초에 제기한 문제에서 떠나지 않고 있다. 그는 여전히 누구의 삶이 삶으로 여겨지며 자기 자신을 잃고 사는 사람들이 어떤 공동체를 구성하는가를 탐구한다. 특히 최근 몇 년 동안 버틀러는 인간을 어떻게 정의할 것인지에 천착했다. 이러한 인간성에 대한 사유는 우리의 삶이 누구의 것인지 묻고, 인간이라는 범주에서 배척된 사람들의 죽음을 애도하는 윤리적 태도를 갖도록 한다.

인간 각각은 자율성을 얻기 위해 투쟁하고 노력하지만, 자율성은 또한 우리가 서로에게 의지하는 나약한 존재라는 인식으로부터 만들어질 수 있다. 나를 구성하는 재료는 타인과 필연적으로 관련되기 때문이다.

그렇기에, 나를 구성하는 일이 타자와 연관되어 있는 한 다른 이의 삶은 나의 삶의 조건이다.

> 똑바로 바라보자. 우리는 서로에 의해서 허물어진다. 서로에 의해 허물어지지 않는다고 해도, 우리는 무언가를 그리워하고 있다. 그것이 명백하게 슬픔의 사례로 보인다면 이유는 단지 그것이 욕망의 사례였기 때문이다. 누구든 항상 온전한 상태로 있을 수는 없다. 누군가 온전하기를 바라거나 실제로 그럴 수는 있지만, 아무리 최선의 노력을 다해도 사람은 다른 사람을 대면하면서 그 감촉의 향기나 느낌, 아니면 그 감촉에 대한 예상이나 그 느낌에 대한 기억 때문에 허물어진다.[15]

버틀러의 글쓰기는 9.11 사건 이후 변화하고 있다. 그는 이론적 성찰과 함께, 현실 참여의 층위에서 인간으로서의 삶의 가능성과, 타자에 말 걸고 응답하는 공동체의 윤리적 관계성 등을 모색한다. 버틀러는 9.11 테러와의 전쟁, 수사, 이스라엘 관타나모, 경찰의 잔혹 행위 등에 대해 글을 썼다. 2006년 레바논 전쟁 반대운동, 2011년 '월가를 점령하라' 운동에 참여했고 현재 '평화를 위한 유대인의 목소리' 자문위원회와 미국 내 이스라엘-팔레스타인 평화를 위한 교수회의 임원으로 활동하고 있다. 2012년에는 정치 이론, 도덕철학, 젠더 연구에 기여한 공로로 아도르노상을 수상했으며 2015년 11월 파리 테러에 대해서도 정치적 견해를 피력한 바 있다. 버틀러는 오늘날 가장 영향력 있는 정치이론가이자 철학자 중 한 사람으로 평가받으며, 다양한 분야에서 현실 참여적 목소리를 내고 있다.

버틀러의 주요 저서는 『젠더 트러블』 『의미를 체현하는 육체』 『안티고네의 주장』 『젠더 허물기』와 『불확실한 삶』 『윤리적 폭력 비판』 『혐오 발언』, 라클라우와 지젝과 함께 쓴 『우연성, 헤게모니, 보편성』, 스피박과 함께 쓴 『누가 민족국가를 노래하는가』 등이 있다.

1. 주디스 버틀러, 『젠더 허물기』, 조현준 옮김, 문학과지성사, 2015, 336쪽.
2. 같은 책, 324-325쪽.
3. 같은 책, 12쪽.
4. 같은 책, 336쪽.
5. 같은 책, 57쪽.
6. 같은 책, 336쪽.
7. http://www.thecut.com/2016/06/judith-butler-c-v-r.html
8. 앞의 책, 327쪽.
9. 주디스 버틀러, 『젠더 트러블』, 조현준 옮김, 문학동네, 2008, 49쪽.
10. 같은 책, 147쪽.
11. 같은 책, 324쪽.
12. 같은 책, 13쪽.
13. 주디스 버틀러, 『젠더 허물기』, 324쪽.
14. http://www.thecut.com/2016/06/judith-butler-c-v-r.html
15. 앞의 책, 37쪽.

도나 J. 해러웨이

1944~
이분법의 경계를 허물고 세계를 새롭게 이해하기

믹소트리카 파라독사:
이분법의 미로를 빠져나오기 위해

도나 J. 해러웨이의 저서를 처음 읽기 시작할 때 느끼는 감정은 경이로움이다. 우선 한 번도 접해보지 못했던 새로운 지식의 방대함에 놀라고, 그의 글이 품어내는 대담한 상상력과 독특한 사고방식에 감탄하게 된다. 마치 공상과학소설을 읽는 듯한 기분마저 주는 경이로운 그의 글은 인문과학과 자연과학의 경계를 자유롭게 허물어버리면서 오래된 사유 습관인 이원론과 이분법의 미로를 빠져나온다.

    우리가 사는 세상에는 이분법으로 규정할 수 없는 생명체가 존재한다. 해러웨이가 특히 애정을 갖는 믹소트리카 파라독사(Mixotricha paradoxa)는 그 실례다. 흰개미의 장 속에 서식하는 믹소트리카 파라독사는 상호의존적인 다섯 종류의 박테리아가 공생하는 생물체로서, 흰개미가 먹은 나무 조각을 소화시켜 흰개미에게 영양을 제공하는 기능을 한다. 중요한 것은 숙주라 불리는 믹소트리카 파라독사와 여기에 기생하는 박테리아들이 서로 독립해서는 살지 못하는 공의존관계라는 사실이다.

    그렇다면, 이들을 숙주와 기생체가 아닌, 믹소트리카 파라독사라는 하나의 개체로 봐야 할까? 아니면 각기 다른 개체일까? 실상 어디까지를 믹소트리카 파라독사라고 불러야 할까? 해러웨이는 원자적 '하나'와 '여럿'이라는 개념을 혼란에 빠뜨리는 이 믹소트리카 파라독사라는 실재물을 이용해 개체성과 집합성에 동시에 의문을 제기한다.

> 무엇을 '그 생물체'로 간주할 것이냐 하는 문제는 복잡하다. 왜냐하면 그 생물체는 다섯 개의 다른 종류의 실재물과 절대 공생관계 속에 살고 있기 때문이다. 박테리아는 핵산을 갖고 있고, DNA를 갖고 있으나, 핵으로 조직되지는 못했다. 이런 다섯 개의 다른 종류의 물체는 각각 그 세포의 안에 살고 있거나 그 세포의 다른 영역 위에 살고 있다. 완전한 의미에서 그 세포의 일부는 아니다. 반면 그들은 절대 공생관계 속에서 살고 있다. 거기에서는 어떤 것도 독립적으로 살 수 없다. 이 관계가 바로 공의존관계다. 그러므로 문제는 그것이 하나의 실재물이냐 혹은 여섯 개의 실재물이냐 하는 것이다. 여섯 개라는 답은 옳지 않다. 한 개의 핵을 지닌 세포마다 다섯 종류의 핵이 없는 실재물이 백만 개가량 있기 때문이다. (…) 하나는 언제 두 개가 되기로 결정하는가? 이 집합체 전체가 언제 분열되어 두 개가 되는가? 무엇을 믹소트리카라고 생각해야 하는가? 단지 핵이 있는 세포인가? 아니면 집합체 전체인가? 이것은 하나와 여럿에 관한 우리의 개념들에 의문을 제기하는 실제 물체이자 매우 멋진 은유임이 분명하다.[1]

이런 방식으로, 해러웨이는 구체와 추상, 자연과 문화,

유기체와 기계 등 기존의 이분법과 이항대립의 미로를 통과해 그 경계를 붕괴시킨다. 그는 이항대립의 경계면 혹은 접촉면에 주목하고, 창발적인 개념들을 통해 이전에는 보이지 않았던 새로운 면을 드러나게 한다.

제자이자 친구이기도 한 구디브와의 대담에서 해러웨이는 '학자'를 대가(大家)인 동시에 아마추어 애호가라고 설명한다. 전문성을 결여한 아마추어와 통찰력을 겸비한 대가가 학자 안에 공존한다는 말은 언뜻 의아하게 들린다. 해러웨이는 다방면에 관심을 갖고 끊임없이 알고자 하는 열망으로 지적 치밀함을 견지하며 통찰력을 발휘하는 대가의 방식과 애호가적 열정은, 믹소트리카 파라독사가 그렇듯, 경계 지을 수 없는 것이라 보았다. 이들은 모두 세계를 이해하고 그에 대한 새로운 이해 방식을 모색함에 있어, 상호 의존하며 공존하는 태도인 것이다.

해러웨이가 글을 쓰는 작은 오두막은 식물들로 뒤엉켜 있다. 그가 직접 심은 다양한 식물의 서식지와 가꾸어진 정원은 구별하기 어렵다. 함께 사는 개와 고양이들은 애완의 대상이 아니라 서로 돌보며 살아가는 반려 존재다. 해러웨이와 그의 식물과 동물은 경계 없이, 각자의 거처를 존중하며 더불어 지낸다. 그런 삶의 방식은 이분법과 이원론의 미로에서 벗어나고자 했던 그의 이론적 태도와 일치한다. 도나 해러웨이는 그의 삶 자체에서 믹소트리카 파라독사를 구현하고 있는 듯 보인다.

해러웨이는 세계를 새로운 사고방식으로 고민하고

신선하게 감각할 수 있도록 우리를 초대한다. 그의 독자들은 새로운 사고와 감각을 통해, 그가 평생토록 추구했던 삶을 향한 끊임없는 정열을 느끼고 그 속에서 아이러니가 불러일으키는 생동감을 발견하게 된다.

가톨릭 세계를 벗어나 캘리포니아로

> 한 사람이 태어난 역사적 배경을 우리는 언제나 매우 자연스러운 것으로 생각한다. 그러다가 그것에 대해 다시 숙고하게 되고, 어느 날 갑자기 모든 게 의미 있음을 깨닫게 된다.[2]

해러웨이는 1944년 콜로라도 주 덴버에서 태어났다. 원래 테네시 주에 거주했던 해러웨이의 조부모는 결핵을 앓으면서 요양센터가 있던 덴버로 이주를 결심했다. 여러 사업을 도모했지만 경영에 그다지 소질이 없던 부모의 빚을 물려받은 해러웨이의 아버지는 아일랜드계 노동계급의 가톨릭 가정 출신 여성과 결혼해 도나 해러웨이를 낳았다. 해러웨이 집안은 세속적 의미의 건강과 거리가 멀었다. 아버지는 어릴 때 앓은 결핵 탓에 생긴 하반신 일부 장애로 목발에 의지했고 어머니는 해러웨이가 16살 때 세상을 떴다.

해러웨이는 가족에게 헌신적이었던 어머니가 교육에 대한 열망이 컸으나 기회를 얻지 못해 오랫동안 괴로워했다고 회고한다. 해러웨이의 어머니는 가톨릭교도로서 신앙이 깊었는데, 이는 딸에게도 큰 영향을 미쳤다. 특히 가톨릭의 교리는 추상 관념을 구체적인 물질 사례로 은유하는 해러웨이의 독특한 방법론에 영향을 끼쳤다. 초월적 존재이자 말씀인 하느님이 이 세계의 구원을 위해 육신을 가진 인간 예수로 왔다는 삼위일체의 교리는 가톨릭의 전례에서 밀떡과 포도주가 예수의 살과 피로 체현되는 미사로 봉헌된다. 해러웨이 역시, 추상적 담론이나 이론이 우리의 삶과 물질에 실재적으로 구현되며 기호화되고 있다고 보았다.

  해러웨이는 가톨릭계 학교로 진학한다. 어린 시절의 해러웨이는 의료선교를 하는 메리놀회 수녀가 되고 싶어했다. 당시 수녀를 이상향으로 그린 것은 독립적인 여성이 되고 싶은 욕망이었다고 그는 말한다. 사제나 의사가 되고 싶었지만 여성은 사제직을 수행할 수 없기에, 어린 해러웨이는 세계를 누비며 선행의 모험을 행하는 재능 있고 똑똑한 여성의 이상을 수녀로 이해했다. 어린 그에게 수녀는 충분히 교육을 받은 교양 있는 자립적 여성으로 비쳤다. 좁은 덴버를 벗어나 새로운 세상에 뛰어들고 싶은 바람이 수녀를 탐험가로 보이게 했을 것이다. 실상 해러웨이는 10대 시절 가톨릭 신앙에 회의를 품었지만 그럴수록 가톨릭 교리와 신심에 몰입하려 애썼다. 이 시기에 대해 해러웨이는 스스로를 젠더 억압의 희생자로 칭하기도 했다. 그는 학생 시절 여성에게 순결을 요구하는 가톨릭적 입장에 서서,

낙태의 권리를 옹호하는 학교 신문의 편집장에게 맞서 낙태를 극렬히 비난하는 편지를 쓰는 해프닝을 벌이기도 했다.

가톨릭 전통에서 교육받은 해러웨이에게 수녀의 위치는, 교회 안에서 억압받는 여성이면서도 신자들에게 권위를 갖는 교차하는 이중 의식의 발현지였다. 가톨릭 수녀는 가정주부보다는 교육 수준이 높고 독립적인 개성 있는 여성들이었지만, 한편으로 그들의 삶은 가톨릭 가부장제의 산물이기도 했다. 이러한 기묘한 모순을 가까이서 겪으며 해러웨이는 신앙에 대해 고민하면서 토마스 아퀴나스를 읽는 청소년기를 보낸다. 가톨릭교와 가부장제, 냉전시대, 매카시즘의 영향 속에서 그는 성장했다.

고등학교를 졸업한 후 해러웨이는 집을 떠날 결심을 한다. 그는 전액 장학금을 받고 콜로라도대학에 입학한다. 이때부터 그는 가톨릭 문화와 반공주의적 환경으로부터 자연스레 멀어지고, 공민권운동에 몸담으며 정치, 종교, 학문에 관한 보다 넓은 시야를 갖게 된다.

대학에서 해러웨이는 동물학을 전공으로, 철학과 영문학을 부전공으로 공부한다. 구디브와의 인터뷰에서 밝힌 바 있듯이, 해러웨이는 고등학교 시절부터 줄곧 하나의 완전한 유기체를 재생시킬 수 있는 세포에 흥미를 가졌다. 1966년 그는 풀브라이트 장학금을 받고 프랑스 파리로 유학해 파리대학의 테야르 드샤르댕 연구소에서 진화철학과 신학을 공부한다.

이후 해러웨이는 생물학을 공부하기 위해 미국으로 돌아와 예일대학 대학원에 입학한다. 여기서 해양발생학을 전공하면서 그는 어마어마한 양의 해양 유기체를 접하고 막대한 관찰과 실험을 한다. 하지만 곧 실험실에 흥미를 잃게 되어, 실험을 통해 논문을 쓰려던 계획은 좌절되고 만다. 방황하던 해러웨이는 페미니스트 생태학자인 이블린 허친슨을 만나, 그의 지도 아래 과학사, 철학, 생물학의 혼성물인 학위논문을 쓴다. 이 논문은 실험을 기초로 하지 않고, 실험 생물학에서 사용하는 은유를 다룬다. 이 독특한 논문에서 해러웨이는 과학이 담론 의존적이며, 생물학의 모든 이론 체계가 은유에 의존하여 논의를 펼친다는 점을 밝힌다. 그는 20세기 생물학자들이 모두 다른 배경을 가지고 생물학을 연구하지만, 액체, 크리스털, 직물, 장과 같은 은유들을 통해 발생학에 접근했다는 사실을 분석한다.

생물학과에서 이러한 논문을 쓴다는 시도 자체가 상당히 급진적이었지만, 당시 예일대학에서는 다양한 세력을 지닌 진보주의자들이 모여 새롭고 활력적인 분위기를 고취시키고 있었고, 지도 교수 허친슨 역시 이에 협조적이었다. 생물학사와 생물철학에서의 은유(metaphor)의 사용을 다룬 해러웨이의 박사학위논문은 1972년 통과된다. 이 논문은 1976년에 『수정, 조직 그리고 장』이라는 제목의 책으로 출간되었다.

1974년 해러웨이는 존스홉킨스대학의 과학사학과

조교수로 임용되었고, 동물의 경계에 있는 영장류 동물에 대한 논의에서 식민주의, 페미니즘 담론을 이끌어낸다. 그리고 1980년, 정년 보장이 되지 않는 홉킨스를 떠나 캘리포니아 산타크루즈대학의 의식사학과 교수로 부임한다. 지금도 그는 이곳에서 페미니즘, 인류학, 과학사 사이의 관계를 연구하며 강의하고 있다.

실뜨기 놀이를 삶에 구현하다

해러웨이는 훌륭한 이론가인 동시에 자신의 이론대로 삶을 살아온 행동가다. 해러웨이의 삶은 그의 삶과 이론을 둘이 아닌 하나로 만드는 과정이다. 파리 유학 시절에 마르크시즘의 영향을 받은 해러웨이는 예일대학에 다닐 때 활동가와 학자들을 위한 공동부락에서 다양한 배경과 개성을 지닌 사람들과 함께 거주했다. 공동부락에는 아프리카계 흑인과 백인이 섞여 있었고, 미혼모, 동성애자, 마르크시스트 등 다양한 권리운동에 참여하는 사람들이 있었다.

여기서 해러웨이는 첫 번째 남편 제이 밀러를 만난다. 당시 제이는 역사학을 전공한 대학원생이었다. 그는 막 커밍아웃을 한 게이였고 게이 인권운동의 한 획을 그은 스톤월 항쟁 사건으로 불붙은 급진적 운동에 적극적으로 참여하고 있었다. 공동부락에서 제이를 만날 즈음, 해러웨이 역시 여러 여성과 데이트 중이었다. 제이와 해러웨이는 성 지향이 달랐지만, 정신적 친밀감이 맺어준 사랑으로 결혼을 결정한다.

　해러웨이의 삶에 중요한 이정표가 되었던 제이는 캘리포니아 주 노동계급 출신이었다. 그는 여러 대학을 전전하며 강사 생활을 했는데, 그의 출신 계급과 대학의 호모포비아적 성향으로 인해 학교로부터 종신 재직을 거부당한 뒤 평생 학술계와 좋은 관계를 맺지 못했다.

　해러웨이와 제이는 함께 살았지만 몇 년 후 별거에 들어간다. 제이는 필리핀계와 멕시코계의 혼혈인 로버트와 사귀었고 해러웨이는 존스홉킨스대학에서 그의 수업 청강생이었던 러스틴을 만나 동거를 시작했다. 하지만 해러웨이와 제이는 각기 애인이 생긴 뒤에도 계속 함께하기를 결정했다. 제이와 그의 연인 로버트 그리고 해러웨이와 러스틴 네 명은 캘리포니아 주 힐즈버그 외곽 지역의 토지를 함께 구입해 공동생활을 시작한다.

　제이와 해러웨이는 섹슈얼한 사랑의 관계는 아니었을지라도, 삶의 지향점을 공유하는 유대감으로 연결되어 그 누구보다 친밀한 애정을 나누고 있었다. 제이의 애인 로버트 역시 해러웨이에게는 삶의 동반자였으며, 새로운 연인 러스틴은 해러웨이 본인에게 안정감을 선사하고 다른 삶의 가능성을 열어준 존재였다. 해러웨이에게 그들은 결코 분리 불가능한, 서로 의지하고 의존하는 소중한 사람들이었다. 이러한 그들의 관계는 특히 로버트의 에이즈 투병 생활을 함께 겪어내면서 더욱 더 굳건해진다.

　해러웨이는 제이가 동료들의 노골적인 동성애 혐오를 겪어야 했던 시기를 "오싹했다"고 회상한다. 제이는 그가 동성애자라는 이유 때문에 제도권 내에서 입지를 잃어갔다.

> 그(제이)는 애인이었던 밥(로버트)이 죽었을 때 도미니칸 단과대학―마린 카운티에 있는 가톨릭 교양교육대학―에서 가르치고 있었다. 밥이 병들어 죽어가는 동안 내내 제이가 주로 그를 돌보았고, 애인이 죽어가고 있다는 사실을 동료에게 말할 수 없는 그런 공동체 속에서 매일매일 가르치며 살고 있었다. 밥이 죽은 후 제이는 슬퍼할 여유도, 자신의 병을 돌볼 여유도 없었다. 가장 잔인하고 가장 구식의 호모포비아 때문이었다. 그의 동료들은 가증스러웠고, 그런 그들에게 제이는 파트너가 죽어가고 있고 자신도 건강하지 못하다는 말을 두려워서 하지 못했다. 그는 할 수 있는 일이 아무것도 없다고 느꼈다.[3]

해러웨이와 러스틴은 제이와 함께 로버트를 돌보았다. 로버트의 사망 후 제이 역시 같은 병을 앓는데, 해러웨이와 러스틴은 이번에도 그의 죽음 직전까지 함께했다.

　해러웨이와 러스틴은 로버트의 사망 10주기이자 제이의 사망 5주기 때, 로버트와 제이의 가족들과 작은 파티를 열었다. 추도식은 제이가 소중하게 가꿨던 그들 모두의 과수원에서 열렸고, 수확한 복숭아를 함께 나누면서 그들이 지나온 삶을 추억했다. 구디브는 이러한 해러웨이의 삶이 '유토피아'처럼 여겨졌다고 말한다. 해러웨이의 제자였던 구디브의 눈에 "영혼의 친구들"과 함께 살아가는 해러웨이는 그가 "글로 쓰고 가르치는 이론대로 살고" 있었다. 구디브의 찬사에 해러웨이는, 캘리포니아 주라는 환경으로 인해 이러한 일이 가능했다고 답한다. 이 환경이, 다른 곳에서라면 엄두도 못 냈을 것들을 가르치고 연구할 수 있게 했고 그들을 공동으로 살게 했다.

당시 캘리포니아에는 강력한 게이 문화가 있었고, 앞선 과학기술과 자연, 도시적이면서도 농업적인 공간이 뒤섞여 공존했다. 무엇보다도 캘리포니아에 거주하는 사람의 구성이 다양했다. 유럽의 여러 지역에서 이주한 백인과 아프리카에서 온 흑인뿐 아니라 아시아, 남아메리카 사람들 그리고 멕시코인 등이 함께 살고 있었고, 이들의 다양한 역사와 문화가 공존했다.

분명 해러웨이에게 캘리포니아는 최적의 환경이었으며, 1970~1980년대는 그에게 뜨겁고 생산적인 시기였다. 하지만 동시에 해러웨이는 자신이 지금까지 해온 재기발랄한 사유에도 불구하고, 언제나 새로운 세대를 가르치는 일에는 어려움과 두려움을 느꼈다고 이야기한다.

"최근에 제자들이 그들만의 언어들과 시각들을 창조하고 있을 때 내가 얼마나 불편해하는지를 깨닫게 되었다. 거부하는 제 자신을 멈추게 하고, 그들의 비판적 통찰력이 매우 다른 삶과 역사적 계기들에서 나오고 있으므로 더 귀를 기울여야 함을 깨닫는 시간을 가졌다."

해러웨이는 자신의 '가르치는 일'을 "실뜨기 놀이 경험의 구현"으로 설명한다. 생활 속에서, 학생들과의 관계에서 연속적으로 맞물려지는 매듭들 속에 연루되는 경험이다.

캘리포니아에서의 삶은 여전히 그를 추동한다. 다양한 역사를 지닌 사람들의 배경과 새로운 시간이 교차하는 학생과의 만남에 그가 계속 귀 기울이고 그들과 엮이며 생산하는 한, 그들과 함께 있는 한.

백인 남성의 죽은 지식에서 벗어나기

캘리포니아에서의 삶은 해러웨이의 학자로서의 활동에도 새로운 관점과 비전을 제시하는 계기가 되었다. 캘리포니아에 정착한 후 해러웨이는 페미니즘적 관점에서 영장류를 연구하여, 여성과 과학에 대한 논쟁적인 의견을 내놓는다. 그의 영장류에 관한 새로운 견해는 과학계와 여성주의 진영 양쪽에 논란을 일으켰고 이를 통해 그는 독보적인 이론가 중 한 명으로 자리 잡는다.

해러웨이는 영장류학을 일종의 "인간의 기원 및 본성 같은 원시적인 설화들에 관한 것", "인간 본성의 개선 및 재구축 같은 개혁 설화들"로 이해한다. 이러한 그의 분석은 최초의 인류를 남자 사냥꾼으로 여기는 가설에 따른 기존의 진화론의 관점을 비판한 샐리 슬로컴의 「여자 채집인: 인류학에서의 남성 편견」과 같은 논문에 자극받은 것이다.

기존의 영장류 연구자들은 북반구의 산업 국가 출신이었고, 그들이 연구하는 원숭이들과 유인원들이 사는 장소는 이전의 식민지였다. 이는 영장류학이 애초부터 식민주의와 인종·국가 담론에 깊이 연루되어 있음을 의미한다. 당연히 해러웨이의 이러한 분석은 기존의 영장류 담론의 주류를 이루는 영장류학자들을 분노케 하기에 충분했다.

혹평에 개의치 않고 자신만의 행보를 이어가던 해러웨이는 나아가 객관적임을 표방하는 서양 과학 전반이 남성적 원칙에 기초하고 있음을 비판한다. 서구 인본주의 즉 이성중심주의는 정신과 육체를 이분화해 이성과 정신을 '남성적 원칙(male principle)'의 기초로, 감성과 육체를 '여성적 원칙(female principle)'의 기초로 삼았고 후자를 비이성적인 것, 문화 활동에 저해가 되는 것으로서 금기시해왔다.

해러웨이에 따르면, 이성중심주의의 또 다른 선구자인 갈릴레오 갈릴레이가 목숨을 바쳐 옹호한 과학 영역은 여성과 이른바 여성의 영역이라 불리는 '사적 영역'을 철저히 배제했다. 에어 펌프 실험을 한 로버트 보일 같은 과학자가 평생 독신으로 지냄으로써 사적 영역을 '거부'하고 실험실과 '공적 영역'에 헌신한 것은 이런 구분과 배제의 실천 사례.

사적·공적 영역을 구분하고 공적 영역에 헌신하는 것을 찬탄하는 관행의 뒷면에는 과학자들의 실험에서 전적으로 여성을 배제한 사실이 존재한다. 이런 가운데 전개된 서구 과학이 이성과 과학을 남성의 전유물로 독점하고 여성을 이성이 없는 존재로 전형화·배제해왔음을 해러웨이는 지적했다. 그는 서구 과학의 이런 남성중심주의를 "죽은 백인 유럽 남성들(Dead White European Males)"이라는 표현으로 풍자한다.

해러웨이는 소위 '객관적 지식'의 전제가 죽은 백인 유럽 남성들의 전유물이었음을 폭로하면서, '상황적 지식(situated knowledge)'이라는 개념을 제안한다. 간단히 말해서 이 개념은 모든 사람(그룹)의 비전이 그 사람(그룹)의 시시각각 변하는 정체성에 의해서 구성되기 때문에 궁극적으로 부분적일 수밖에 없다는 인식에서 출발한다. 상황적 지식은 언제나 어느 곳에서나 참인 것이 아닌, 자신이 서 있는 곳에서의 한계 인식을 포함하는 지식이다.

모든 지식은 부분적이며 상황적이다. 오히려 인식의 객관성은 자기 지식의 부분성과 상황성을 성찰적으로 비판하는 데서 연원한다. 이 지식 모델에서 해러웨이는 자연의 실재는 발견되는 것이 아니라 '구성'되는 것이며, 좋은 과학과 나쁜 과학은 구별할 수 있고, 이를 구별하기 위해서는 자연현상의 물질적 분석과 이를 둘러싼 문화적 분석이 함께 어우러져야 한다고 말하고 있다.

상황적 지식이란, 겸손한 목격자의 지식이다. 해러웨이는 말한다.

> '목격'이란 보는 것이고, 증언하는 것이며, 서서 공공연하게 자신이 보고 기술한 바를 해명하는 것이며, 자신이 보고 기술한 바에 심적으로 상처받는 것이기 때문이다. 목격은, 목격하는 사람들의 구축된, 그래서 결코 완전하지 못한 신뢰성에 의존하는, 집합적이고 제한적인 실천이다. 목격하는 사람들은 모두 죽어야 하는 존재들이고, 틀리기 쉬우며, 무의식적인, 부정적인 욕구들과 두려움들로 가득 찬 사람들이다.[4]

겸손한 목격자는 자신이 어떤 세계에 살고 있는가를 이해하고, 과학기술에 자신의 세계가 기입되어 있다는 전제를 이해한다. "겸손한 목격자는 상황적 지식에 몰두할 수 있는 사람이다." 겸손한 목격자는 자신의 영향력, 권력 한계를 인식한다.

이때 겸손은 자기 소모적인 낮춤이나 무능력을 모르는 척하는 것이 아니다. 겸손은 오히려 하나의 특정한 재주인데, 그것은 자신이 처한 위치와 목격 상황이 그 자체로 어떤 유산이자 복합적 구성물임을 인정하면서 이러한 위치성을 주장하는 것이기도 하다.

겸손한 목격자의 상황적 지식은 모든 것을 포괄하는 대문자 지식이 아니며, 역사를 초월하거나 역사 밖에 있는 진리가 아니다. 상황적 지식은 역사적이며 태어남과 죽음의 조건하에 있다. 상황적 지식은 틀릴 수 있다는 것, 조건에 기반한 해석이란 발생하고 예약되고 우발적이며 어쩌면 속임수에 빠지기도 쉬운 참여 방식임을 이해하고 뛰어드는 것이다.

"나는 사이보그가 되겠다"

> 사이보그 이미지는 우리에게 이원론의 미궁 밖으로 나가는 길을 암시할 수 있다. (…) 나는 여신보다 차라리 사이보그가 되겠다.[5]

해러웨이에게 세계적인 명성을 안겨준 책은 1991년에 출판된 『유인원, 사이보그, 그리고 여자』다. 이 책은 1980년대 캘리포니아에서 써 내려갔던 다양한 주제의 논문 묶음으로, 특히 「사이보그 선언」(1985)이 유명하다.

해러웨이는 과학과 자연을 남성과 여성이라는 이분법으로 이해하는 틀과, 당시의 여성주의가 자연과 대지를 여성적 우월성으로서 이야기하며 기존의 이분법적 구도를 답습하는 것을 비판한다. 이분법적 체계에서는 남성-백인이 인간의 기준이며 이성애-가부장제가 보편의 위치를 점한다. 이성애와 가부장제는 남성 백인을 인간의 표준으로 삼는 사고에 의해 성립되었을 뿐 아니라, 이러한 인간을 세계의 중심으로 여기는 인간 중심주의를 유지하고 강화한다. 여성주의의 지향이 소위 '정상 인간'으로서의 권리를 쟁취하는 데 머무르는 한, 여성주의적 성찰은 가부장제의 반담론에 불과하게 된다.

    해러웨이는 인간중심주의의 구도를 넘어서기 위해서 이 구분의 경계를 흐트러뜨리고 넘나드는 존재들을 제시한다. 해러웨이가 제안하는 유인원, 사이보그, 앙코마우스(OncoMouse)와 같은 것이 바로 이분법을 넘나드는 혼종적 존재들이다. 인간이면서 기계이기도 한 사이보그, 동물이면서 여성 유방 유전자를 가진 앙코마우스, 이들은 인간/동물, 원시/문명, 제1세계/제3세계의 경계에 도전하고 인간/기계, 사회/문화, 여성성/남성성이라는 이분법을 희석한다.

    특히 여기서 사이보그는 기계와 유기체의 잡종이자 괴물인 키메라다. 괴물 신화는 예전부터 있었지만, 그들은 이른바 정상성에서 밀려난 존재로 묘사되었다. 그러나 사이보그는 정상성의 기준 자체를 붕괴시킨다. 여기서 사이보그는 과학만능주의나 과학결정주의를 지시하는 것이 아니다. 사이보그는 무엇이 자연이고 무엇이 비자연적 인공인지 질문을 던지는 존재다. 사이보그는 동물과 기계의 합동적 혈연관계를 주장하고 본질적 정체성을 부인한다. 사이보그가 군사주의적·가부장적인 자본주의가 낳은 사생아인 건 분명하지만, 사생아들은 자신의 기원을 무시하며, 그 의무에 불충실할 뿐이다.

    괴물이자 사생아인 사이보그는 유성생식과

관련이 없는 존재다. 사이보그의 젠더는 양치류 식물이나 무척추동물의 복제 방식을 따르며 이성애에 저항한다. 사이보그는 오이디푸스적 표식과 무관하며 비오이디푸스적 서사 속에 구현될 따름이다. 사이보그는 어떠한 인간중심주의적 기원과도 무관하며, 더 이상 유기적 가족을 모델로 하는 공동체를 꿈꾸지 않는다. 사이보그에게는 에덴동산도 없고, 코스모스와 같은 절대적 조화의 개념도 없다.

해러웨이의 이러한 사이보그 개념은 여성을 사유하는 새로운 방식을 제시한다는 점에서 중요하다. 사이보그를 통해서 해러웨이는 질문한다. 정말 '여성'이라 자연스럽게 묶일 그러한 본질과 범주가 존재하는가? 실상 젠더, 인종, 계급 같은 단일한 정체성은 가부장제, 식민 자본주의의 모순된 사회 현실들이라는 끔찍한 역사적 경험에 의해 우리에게 강요된 성취다. 이때 '우리'로 묶은 이는 누구이고, 그 '우리'에 속하는 이는 누구인가? 이 '단일한 우리'라는 묶음으로써 이득을 누리는 이는 누구인가? '우리'라고 불리는 강력한 정치적 신화를 만들기 위해 어떤 사람들이, 어떤 정체성들을 이용했는가?

이 점에서 사이보그들은 백인의 단일한 정체성과 무관하다. 사이보그에게 묶음이 있다면 이주노동자와 같은 존재라는 사실, 아웃사이더라는 사실일 것이다. 사이보그 개념은 본질적 정체성과 이를 구획 짓는 경계에 대해 묻는 개념이다.

해러웨이는 거듭 강조한다. 페미니스트들은

인간중심주의를 무너뜨리려 노력하고 이 붕괴를 포용해야 한다. 사이보그를 페미니즘의 중요한 성찰로 가져갈 때, 가부장제가 뿌리박은 불평등을 무너뜨릴 수 있고, 이질적인 것들의 연결과 접합이라는 자산을 페미니즘이 얻을 수 있다.

해러웨이는 사이보그 개념을 통해서, 기존의 이분법과 억압을 붕괴시킬 새로운 설화를 만들어간다. 이원론의 설화를 전복하고 시작되는 새로운 신화는 이제 타락 이전 순수의 시절을 다루지 않는다. 이것은 '새로운 생산'을 여는 신화다.

사이보그의 글쓰기는 존재 조건을 긍정하며, 유한 너머의 무한에 대한 희구와 영원토록 병들지 않은 채 사는 영생의 신화를 거부한다. 생성과 소멸로, 다시 생산으로 가득 찬 이 세계에서 살아가기를 지향한다. 사이보그는 낙원에서 태어나지 않고, 단일 정체성 추구하지 않으며, 끝없는 적대적 이원론을 낳지도 않는다. 사이보그는 부활을 원하지 않고, 총체성보다는 우리의 경계를 구성하고 다시 해체하는 친밀한 경험 속에서 재생을 희망한다.

해러웨이의 사이보그 이미지는 우리에게 이원론의 미궁에서 나가는 길을 제시한다. 우리는 사이보그로서 말해야 한다. 사이보그는 앵무새처럼 똑같은 공통 언어로 서사를 구축하지 않는다. 사이보그의 말은 이교도들의 말이자, 이질적이고 다양한 각기 다른 언어로, 복수적으로 복합적으로 다중적으로 말하는 말들이다. 이러한 사이보그는 '단일한'이라 외치는 정체성의 범주에서 벗어나 새로운 우주의 설화를 만들고 파괴하고 창조할 것이다.

질병은 관계다

> 나는 그런 일종의 확장된 몸에서는 자기와 타자가 어떤 의미에서는 관점의 문제라는 주장에 관심이 있다. 무엇이 자기라고 간주되는지 그리고 무엇이 타자라고 간주되는지의 문제는 관점의 문제이거나 혹은 목적의 문제다. 어떤 경계들이 어떤 컨텍스트 안에서 견고하겠는가?[6]

사이보그를 통해 새롭게 쓰인 신화는 우리를 창조한 신에게 무한히 사랑받는 천진한 유년기로의 회귀를 그리지 않는다. 에덴동산이 약속하는 무병과 영생의 상태, 싱싱하고도 생그러운 어린 육체로 마음껏 뛰노는 신화는 이제 무너져 내리고 있다. 에덴동산의 설화는 인간의 문명에 필요했을지언정, 그것은 진실이 아니며 일종의 신화일 뿐이다.

우리가 직면한 사실은 인간은 역사 속에서 태어났다는 것이며, 우리가 병들고 노쇠하는 존재, 생명의 한계를 지닌 존재라는 것이다. 질병과 죽음은 우리 인간의 존재 조건을 이루는 근본적인 지점이다.

해러웨이에게 질병과 죽음은 부정적인 의미가

아니다. 오히려 해러웨이는 '죽음'을 인정함으로써
발견할 수 있는 의미를 이야기한다.

"죽음의 긍정이 절대적인 기본이라고 생각한다.
죽음을 찬미한다는 의미에서의 긍정이 아니라, 솔직히
말해서, 죽어야 할 운명이 아니라면 우리는 아무 것도
아니라는 의미에서 그렇다."

특히 현대의 문화는 인간의 정상 상황을 고장 나지
않은 상태, 즉 건강으로 삼는다. 건강에 대한 찬미는
죽음에 대한 감춤과 질병에 대한 혐오로 나타난다.
그러나 고장과 질병은 그저 부정적인 것일까?

> 고장은 인간을 이해하는 데 있어 중심적인 역할을
> 한다. 고장은 회피해야 할 부정적인 상황이 아니라,
> 우리가 도구로 사용할 때 관여하게 되는 도구들의
> 네트워크의 어떤 양상을 가시화하는 불-분명한
> 상황이다. (…) 고장은 임무를 성취하기 위해
> 우리에게 반드시 필요한 유대관계를 드러낸다. (…)
> 질병의 위협은 건강의 주요 구성요소들 중 하나다.[7]

해러웨이는 질병을 인간 조건의 근본적 지점으로서
분석하면서, 면역체계를 '자기-인식 장치'로 이해해야
한다고 제안한다. 면역은 자기(self)와 비자기(non-
self)의 개념을 감독하기 위한 장치다.

면역이란 우리 몸에 이질적인 것이 침입했을 때
그에 대한 항체를 만드는 과정이다. 그리고 면역체계는
자기-인식 장치로서, 면역체계로 인해서 우리는 자기와

타자 간의 인식(recognition)과 오인(mis-recognition)을 안내받을 수 있다. 예컨대 우리가 '에이즈'라고 부르는 후천성 면역 결핍 증후군은 바로 타자를 자기로 오인하여 생기는 병이다.

보통, 인간 몸의 면역체계는 바이러스와 싸우는 '전쟁터'로 설명된다. 하지만 해러웨이는 이런 이해가 "냉전 수사학"일 뿐이며, 우리의 면역체계와 바이러스가 맺는 관계에 적절하지 않은 은유라고 지적한다. 실제로 바이러스가 몸에 들어오면 몸 속 세포는 바이러스와 싸우는 것이 아니라 상호 인식하고 서로 도와준다. 생물학자들은 이 사실을 알고 있으며 그들은 이것을 '몸의 실수'라고 설명한다.

하지만 해러웨이는 이것을 보다 적극적으로 사고하여 질병에 대한 급진적인 분석을 행했다. 그는 "질병은 관계"라고 설명한다. 일단 서로를 인식하지 못하면 감염은 일어나지 않는다.

> 몸이 아프기 위해서는 한 개의 박테리아와 '친근한 관계'를 맺어야 한다고 쓰여 있다. 달리 말하자면 감염이 되기 위해서는 공격을 당하는 세포들이 증진되는 박테리아들을 실제로 도와주어야 하며, 생물학자들은 이것을 실수라고 가정한다는 것이다.[8]

그런 점에서, '우리가 질병과 싸운다'고 말하는 데에는 일종의 정치 은유의 담론 필터가 끼어 있다. 해러웨이는 이런 식으로 면역학, 정치학, 인문과학의 각종 담론 속에 끼어 있는 정치 은유들을 찾아낸다.

질병을 관계 맺음으로 이해했을 때, 면역체계는 몸속에서 중요한 세포 체계 간의 의사소통 공간으로 작동한다. 세포 간에도 서로를 인식하고 관계 맺는 소통이 이루어진다. 질병은 관계의 문제이고, 관계란 어떤 상황에서 어떻게 맺어지느냐에 따라 서로 달라질 수 있는 것이다.

이런 점에서 해러웨이는 적은 표본으로 협소한 목록을 만들고자 하는 게놈 프로젝트를 비판한다. 또한 인간의 모든 문제를 유전자에 근거해 해석하는 유전자 물신주의를 파괴적이고 나쁜 생물학이라고 말한다. 유전자 연구가 대중적 호응을 받으면서 자본의 투자가 집중되고 있는 지금 시대의 상황이 유전자 물신주의를 빚어내고 생물학 결정주의를 새로운 신화로 등장시킨다.

에덴동산이 아닌 생과 사의 연결된 역사 안에 거주하는 해러웨이는 여전히 경계 허물기와 경계들의 결합과 생산과 가치의 문제에 관심을 갖고 있다. 이러한 연구 중 하나로 그는 「사이보그 선언」을 넘어, 『반려견 선언』을 집필했다. 자신의 반려견 미즈 카엔과의 경험을 통해서 해러웨이는 동물을 애완의 대상이 아니라 인간의 진화와 함께 살아온 동반자로 보고 관계 맺는 방식을 보여준다. 그는 여전히 캘리포니아에서 살고 있다.

도나 해러웨이의 저서 목록은 다음과 같다. 『영장류의 시각』 『유인원, 사이보그, 그리고 여자』 『겸손한_목격자@제2의_천년. 여성인간ⓒ_앙코마우스™를_만나다』 등이 있다. 그를 국제적으로 유명하게 만든 「사이보그들을 위한 선언: 1980년대의 과학, 기술, 그리고 사회주의적 페미니즘」은 『사회주의 평론』 80호에 처음 발표되었다.

1 도나 J. 해러웨이, 『한 장의 잎사귀처럼』, 민경숙 옮김, 갈무리, 2005, 142-143쪽.
2 같은 책, 29쪽.
3 같은 책, 67쪽.
4 같은 책, 245-246쪽.
5 도나 J. 해러웨이, 『유인원, 사이보그, 그리고 여자』, 민경숙 옮김, 동문선, 2002, 325쪽.
6 도나 J. 해러웨이, 『한 장의 잎사귀처럼』, 130쪽.
7 테리 위노그래드 외, 『컴퓨터와 인지에 대한 이해』, 도나 J. 해러웨이, 『한 장의 잎사귀처럼』 186쪽에서 재인용.
8 도나 J. 해러웨이, 앞의 책, 129쪽.

IV. 도나 J. 해러웨이

시몬 베유

1909~1943
고의적 어리석음으로 사유와 삶의 일치를 관철하다

중력과 은총 사이에서 고통을 사유하기

인간은 중력 속에 살아간다. 지구로 끌어당기는 중력의 힘은 우리를 걷게 하고 이 땅에 발붙이게 한다. 우리는 중력을 벗어나서 살 수 없다. 하지만 세속의 질서를 의미하는 이 중력의 법칙은 우리를 묶는 속박이 되기도 한다.

프리드리히 니체는 『차라투스트라는 이렇게 말했다』에서 중력에 대해 이렇게 썼다. "중력은 인간 자신에게는 짊어지기에 무거운 것이다. 인간은 남의 것을 너무나 많이 어깨에 짊어지고 헐떡거리며 가기 때문이다."[1] 태어나 몸을 겨우 가눈 채 기고 걷는 우리 인간은 결코 중력에서 벗어나서 살 수 없기에, 니체는 인간이 대지 위에서 잠시 뛰어 올라 춤을 추기를 바랐다.

시몬 베유는 중력 속에 살아가는 인간의 실존 조건을 그 누구보다도 치열하게 검토한 인물이다. 그는 우리를 중력에 묶어두는 구속력과 이에서 벗어나려는 정신의 운동에 관해 사유한다. 시몬 베유에 따르면, 두 가지 힘이 우주를 통치한다. 빛과 중력. 두 힘은 물리적인 차원만이 아니라 인간의 정신에도 동일하게 작용한다.

> 우리 영혼의 자연스러운 움직임은 물리적인 중력의 법칙과 유사한 법칙들에 의해 지배된다. 우주를 통치하고 있는 빛과 중력이라는 힘처럼 이는 우리의 영혼을 지배한다.[2]

중력의 법칙은 지상 어디에서나 작용한다. 나의 마음속에 일어나는 사건은 중력이 결정한다. 타인의 마음에서도 역시 같은 일이 일어난다. 나와 다른 이들과의 관계에서도 중력이 작용한다.

시몬 베유가 '중력의 작용'이라 부른 것은 대체로 생존과 관련된 세상의 일들이다. 그가 목도한 전쟁의 참사와 그 속에서 살기 위해 무슨 일이라도 하는 사람들의 모습이 곧 중력에 묶여 살아가는 인간의 풍경이다. 달걀 한 알의 배급을 얻기 위해 자정이 막 지난 시간부터 정오가 다가올 때까지 하염없이 기다리는 사람들을 보며, 베유는 생존을 위해 모든 힘을 끌어내는 중력의 힘을 목도한다.

어쩔 수 없이 중력의 작용에 얽매여버리는 인간 실존의 강렬함에서 부조리는 생겨난다. 왜 살아야 하는가, 라는 질문과 살기 위해 어쩔 수 없다, 는 자기변호가 충돌할 때, 삶은 한없이 가볍고 비루해질 수 있다. 삶의 의미를 묻는 질문 앞에서, 중력의 무게는 숨통을 짓누르듯 버겁다.

삶의 조건인 중력에 짓눌려 허무가 점점 부풀어 오르는 그때, 중력의 삶에 대한 사유가 시작된다. 영화 「그래비티」의 주인공이 지구에서 자식을 잃은 뒤 무중력의 우주를 떠돌고 싶어했던 것처럼, 중력의 삶이 버거운 인간은 중력장 밖의 세계에서 의지할 가치를 찾으려 하기도 한다. 하지만 시몬 베유는 무중력에 난파하여 떠돌기를 결코 원하지 않았다. 베유는 잔혹한 삶의 조건을 사유하면서도, 그 삶에서 기쁨을 얻고자 한다. 「그래비티」의 주인공도 결국 지구의 가장 추운 땅에서 들리는 갓 태어난 아이의 울음소리에 삶의 의욕을 되찾고, 중력의 삶으로 귀환해 기쁘게 물과 땅을 두 발로 딛는다.

 베유는 제1차 세계대전의 폐허 속에 제2차 세계대전의 전운이 감도는 혼란스러운 시기의 유럽에서 살아가면서, 계몽 이후의 인간 이성이 스스로 파놓은 나락으로 치닫는 것을 목도한다. 당대의 인간이 놓였던 실존 조건, '중력'은 결코 녹록치 않았고, 파괴적이었다.

 중력의 법칙은 사람들로 하여금 살기 위해서라 말하면서 역설적으로 삶을 훼손하도록 작용한다. 일촉즉발의 위기 앞에서 중력은 요설의 수사로 가득 찬 선동과 선전이 되어 언어를 기만의 도구로 만들고 사고를 마비시킨다. 시몬 베유는 언어의 무기력함과 한계를 느낀다. 그리고 생각하기를 포기하는 대신, 인간의 생존 조건인 중력 속에서 살아간다는 것이 무엇인지, 그 삶과 고통을 오히려 철저히 사유하기로 한다.

 이 '철저한' 사유가 도달한 끝은 어디였을까? 인간에 대한 혐오 혹은 회의감으로 둘러싸인, 자아라는 딱딱한 우주였을까? 시몬 베유의 삶을 따라가다 보면, 명징한 답을 찾지 못하면서도 스스로 묻고 다시 그 물음에 대한 다른 물음을 이어가는 절실한 과정에서 그의 커다란 인내를 느끼게 된다. 철학자 베유는 자신을 둘러싼 세계와 거기에 존재하는 자신의 실존을 생생하게 의식하고 이해하려 시도한다. 성찰에 필요한 거리를 갖고 자신을 바라보고, 세계와 소통하기 위해 나의 고통,

다른 이의 고통 그리고 인간의 고통에 대해 사유하는 것이다.

    가깝고도 친밀한 이들의 고통을 넘어서 한 번도 마주친 적 없는 사람들의 실존에서 일어나는 불행까지 사유하면서, 그는 곧장 넘어설 수 없는 벽에 직면한다. 어떤 이들이 실제로 겪고 있는, 실로 극심한 고통 앞에서 무엇을 할 수 있을까? 벽 앞에서 자신의 사유를 삶에 맞붙인 채, 베유는 믿고 소망했다. 삶과 직접 마주해야만 언어는 훼손되기를 멈추고 사고는 무기력에서 벗어날 수 있다. 그는 결국 타인의 고통을 사유하는 데 그치지 않고 직접 체험하기로 한다. 한 개인의 고통에서 더 나아가, 인간 실존의 고통을 직접 경험하려 한 것이다.

    한 사람이 다른 이를 깊이 사랑할 때 그 사람은 사랑하는 이의 고통을 대신해 아파하고 기꺼이 안길 원하게 된다. 보편을 사고하는 철학자가 인간 모두에게 드리운 고통을 직접 체험하려 할 때, 굳이 겪지 않아도 될 불행에 뛰어든다. 『팡세』의 파스칼과 『죽음에 이르는 병』의 키르케고르가 그러했듯, 시몬 베유 역시 인간의 고통을 사유했을 뿐 아니라, 직접 고통 안으로 걸어 들어간다. 그는 철저한 사유를 통해 타인의 불행을 생생히 느끼면서 불행의 밑에 깔린 고뇌를 체험하려는 욕구를 실행했고 그 불행의 참된 모습을 사랑했다.

    그의 삶에는 어떤 기이한 우둔함이 있다. 타인의 고통을 모두 껴안으려는 것은 세속의 눈으로 보았을 때, 영리한 태도는 아니다. 오히려 합리적 판단과 거리가 멀다. 하지만, 베유는 가장 명료하고도 분명한 사유 끝에

고의적 우둔함을 선택했다. 그리고 그 한가운데에서 시몬 베유는 중력을 넘어선 신비에 도달하게 된다.

 베유는 인간의 이성이 나락으로 치달은 두 세계대전 사이에서 기꺼이 우둔한 삶의 방식을 선택하고 그것을 은총이라 불렀다. 그는 이것을 중력의 삶에서 예외를 만드는 유일한 방법으로 생각했다. 어리석은 선택을 통해, 그는 연민과 사랑 그리고 인간에 대한 경외감을 잃지 않는다. 신학자 도로테 죌레는 그런 시몬 베유를 '현대의 성자'라 불렀다.

 서른네 해를 살고 생을 마감한 시몬 베유의 삶은 짧았으나, 뜨겁고 역동적이었다. 철학 교사로, 노동자로, 스페인 내란 현장의 레지스탕스로, 사유와 삶을 일치시키려 했으며 절대적 사유의 숙명을 기쁨으로 여겼던 그는 철학자이자, 액티비스트다.

삶의 자리에서:
고통받는 이들을 향한 연민과 공감

시몬 베유는 1909년 2월 3일, 프랑스에 정착한 러시아 이주민 집안 출신인 살로메 라인헤르츠와 알자스 출신 의사인 베르나르 베유 사이에서 태어난다. 부모님 모두 유대인이었지만, 베유 가족은 유대 전통에서 벗어나 프랑스인으로서 파리에서 살았다.

 시몬 베유는 학문적 소양이 풍부하고 당대의 새로운

과학적 발견에 관심을 갖는 지적인 집안 분위기에서 자랐다. 그 영향으로 베유는 라틴어와 그리스어 외에 독일어와 영어에 능통했고, 평생 현대 물리학과 수학에 큰 관심을 가졌다. 그의 오빠 앙드레 베유 역시 수론과 대수기하학으로 현대 수학의 발전에 지대한 공헌을 한 수학자다. 한편 집안에 종교적 분위기는 전혀 없었고, 베유도 종교에 무관심한 채 성장했다. 그러나 어린 시절부터 그는 "타고난 재능이 없는 자라 할지라도 온 마음을 다하여 진리를 갈구하고, 정신을 집중하게 되면 마침내는 진리의 왕국에 도달할 수 있다"는 믿음을 품고 있었다.[3]

시몬 베유는 병약하게 태어났다. 그는 여러 병에 시달렸고, 손이 유달리 작은 편이었다. 여러 질병 중에서도 만성 두통은 베유를 평생을 따라다니며 괴롭혔다. 후에 저서 『중력과 은총』에서 두통에 대해 다음과 같이 쓸 정도였다.

"너무나 극심한 두통에 시달릴 때 다른 어떤 사람의 이마 바로 같은 곳을 때려서 고통스럽게 하고 싶은 강렬한 욕망을 느낀다는 것을 잊지 말 것. 이와 유사한 욕망은 인간들 사이에서 아주 흔히 있는 것이다. 그러한 상태에서 사실 나는 남에게 상처를 입히는 말을 던지고 싶은 유혹에 져버린 경우가 몇 번 있다."[4]

시몬 베유는 1925년에 앙리 4세 고등중학교에 입학한다. 거기에서 알랭이라는 이름으로 잘 알려진 철학자 에밀 샤르티에의 강의를 듣는다. 시몬 베유에게 지대한 영향을 끼친 스승 알랭은 제1차 세계대전이 발발하자 마흔이 넘은 나이에 참전하여 부상을 입기도 했고, 지면에 노르망디의 어록을 연재하여 유명세를 떨친 학자였다.

알랭은 특히 실천을 강조한 철학자로, 당시의 민중에게 만연한 굶주림과 빈곤한 사회 현실을 고발했다. 베유는 불행을 당한 자에게 귀 기울이고, 보상 없이 실천하는 영혼의 순수성인 소명, 순종, 가난, 순결에 대한 알랭의 논의에 적극 동의한다. "자유롭지 않은 의지란 없으며 행동 없는 의지는 존재할 수 없다"는 알랭의 강의는 베유를 자극했으며, 어떤 조직이나 권력기구도 인간을 불행하게 해서는 안 된다는 시몬 베유의 아나키스트적 입장과 신념을 발전시켰다.

시몬 베유는 일찍이 실천에 앞장섰다. 1927년 친구들과 사회교육 모임을 만들고 노동자 교육을 시작했으며 이어 '평화에의 의지'라는 모임을 조직해 제1차 세계대전 후 일어난 반전운동에도 참여한다. 고통받는 이들을 향한 시몬 베유의 공감과 실천은 고등사범학교 입학시험을 함께 준비하던 학생들에게 알려졌으며, 시몬 드 보부아르에게도 큰 인상을 남긴다. 보부아르는 베유의 "뛰어난 지성과 악명 높은 옷차림에 대한 소문" 때문에 그에게 호기심을 갖는다.

> 베유는 고등사범학교에 갈 준비를 하면서 소르본에서 나와 똑같이 자격증을 따고 있었다. 당시 중국이 극도로 황폐하고 인민이 굶주림으로 고통받고 있다는 소식을 전해주자, 그는 벌써

울먹이기 시작했다. 그가 전 세계의 정의를 위해 고동칠 수 있는 심성을 지녔다는 것에 감탄했다. 어느 날 나는 그와 가까이서 만날 수 있었는데 그는 단호한 어조로 오늘날 전 세계에서 문제가 되고 있는 것은 단 하나이며, 혁명이 일어나게 되면 이 세상의 굶주린 사람들이 모두 배불리 먹을 수 있을 것이라고 말했다. 내가 그런 식으로는 사람이 그저 생존하게 될 뿐이지 행복하게 될 수는 없다고 말하자, 시몬은 나를 아래위로 훑어보면서 "당신은 아직 배를 곯아본 적이 없군" 하곤 입을 닫아버렸다. 그런 뒤로 우리의 관계는 더 이상 진전되지 않았다. 나는 그가 나를 '잘난 체하는 소시민'이라 생각하고 있다는 것을 알았으며 이 때문에 좀 괴로웠다.[5]

진실한 우정을 나누기에는 서로의 기질과 관심이 달랐지만 보부아르 역시, 사람들의 고통에 사심 없이 공감하고 헌신하는 베유에게 감탄할 수밖에 없었다. 베유는 1928년에 고등사범에 입학했고, 졸업한 다음 해에 철학 교수 자격 시험에 합격한다.

자발적으로 노동자가 되다:
뿌리 뽑힘을 체험하는 삶

시몬 베유는 1931년에 르퓌 국립 여자고등학교에 철학 교사로 발령을 받고 그리스어와 철학을 가르치며 교편생활을 한다. 베유는 언제나 자신의 환경을 마땅치 않게 여기고, 그로부터 벗어나려 했다. 이러한 그의 태도는 같은 계층의 사람들에게 괴팍하고 비사교적인 성격으로 비추어졌고, 교육위원회와 종종 의견 충돌을 겪는 가장 큰 이유이기도 했다.

    시몬 베유는 프랑스 중류층이었지만 이와 다른 삶의 방식을 선택했다. 다른 사람들이 굶어 죽어가고 있다는 사실을 자각하면서 그는 부유한 생활을 위해 돈을 벌기를 거부한다. 그의 관심은 늘 가난하고 권력이 적은 이들의 얼굴에 머물러 있었다.

    시몬 베유는 비참한 세계에서 눈을 돌리지 않는 데 그치지 않고, 이 세계로 걸어 들어간다. 학교에서 일하는 정원사, 자질구레한 뒤처리를 하는 심부름꾼들, 학교 밖의 육체노동자들, 해고당한 실업자들과 친교를 나누었다.

    베유는 노동자들을 만나러 한 주에 한 번씩 르퓌에서 생테티엔까지 여행을 했고, 월급을 받으면 책을 사서 노동자들에게 나누어주었다. 광부들과 함께 식사를 했고, 선술집에서 노동자들과 밤늦도록 이야기를 나눴다. 생활고로 겨울에도 난로를 피울 수 없던 다른 노동자들처럼 불을 피우지 않은 방에서 생활했다.

만성 두통과 혈액순환 장애가 있던 그에게 육체적으로 힘든 일이었지만, 그는 자신이 다른 노동자들보다 나은 조건에서 지내는 것을 참을 수 없어했다.

당시 유럽은 파시즘의 분위기가 만연했고 노동자와 소수자 탄압이 거세져가고 있었다. 정당한 시위자들조차 체포당했으나, 시몬 베유는 이에 굴하지 않고 동료 학생들과 교수로부터 기금을 모으기도 했다. 이러한 베유의 태도를 문제 삼아 어떤 이들은 그를 기피했고, 어떤 이들은 그를 노동자를 옹호하는 빨갱이로 몰았다. 사람들은 베유를 '붉은 처녀'라고 불렸다.

1934년, 25세의 베유는 직접 육체노동을 경험하지 않으면서 입으로만 노동자를 옹호하는 자신의 모습에 회의를 느끼고, 노동 현장에 뛰어든다. 처음 전기 공장에 취업했다가 다시 르노 자동차 공장에서 금속 절단공으로 일하며 박봉으로 생계를 유지하면서, 당대 노동자들의 수고, 절망, 공허를 실제로 함께 겪는다. 시몬 베유는 그의 『노동일지』에서 작업량, 임금 그리고 그에 따른 심리적, 정신적 박탈감을 자세히 기록했다.

"몸은 축 늘어지고 머리는 사고를 잃게 된다. 가슴에는 서글픔과 분노와 무력감 그리고 굴욕감이 고인다. 유일한 희망은 내일도 이렇게나마 일할 수 있게 해주십사 하는 것이다." 이러한 환경을 자처하고 고된 노동을 몸소 체험하면서 그는 만족스럽게 적는다. "이제 나도 추상의 세계에서 빠져나와서, 좋든 나쁘든 간에 선의와 악의를 두루 갖춘 현실 속의 사람들 가운데 섞여 있다."[6]

육체적·정신적 고통으로 자신을 소진하는 인간의
현실을 그는 '뿌리 뽑힘'이라 표현했다.

> 공장에서 일을 하고 있는 동안 다른 사람들의
> 고통이 내 영혼과 살 속에 파고 들어왔다. 그 어떤
> 것도 내게서 그 고통을 떼어내지는 못했다. 나는
> 과거를 완전히 잊었고, 미칠 듯한 피로 때문에
> 살아날 가능성조차도 생각할 수 없었으며 전혀
> 미래를 기대할 수 없었다. 거기서 나는 영원한
> 노예의 낙인을 받았다. 그 이후부터 나는 항상 나
> 자신을 노예로 여기게 되었다.[7]

시몬 베유는 공장에서 보낸 한 해 동안, 노동자의 삶이
노예와 다를 바 없다는 사실을 건강과 젊음을 잃으면서
온몸으로 깨닫는다. 스스로 육체노동에 뛰어들어 자신을
노예로 인식하게 되는 뿌리 뽑힘을 직접 체험함으로써
그는 뿌리 뽑힘을 조명한다.

그러나 시몬 베유는 공장 노동의 비참함과 문제점을
서술하면서도 육체노동에 찬사를 보냈다. 그는 "가장
인간적인 문명은 육체노동을 최고의 가치로 삼는
문명"이라 여겼다. 시몬 베유의 비판 초점은 분업화와
체계화의 핵심에서 항상 정신노동과 육체노동을 가르고,
육체노동에 비해 정신노동을 더 중요하게 여기는 사회적
가치에 맞춰졌다. 그는 노동의 위계와 그에 기인한
착취와 차별의 구조를 비판한다. 시몬 베유는 노동조합
연합회의에 참석하고 계급투쟁에 관한 수필을 쓰기도

한다. 1933년에는 구소련에서 숙청된 레프 트로츠키를 파리에 있는 자신의 부모 집에 묵게 하고 트로츠키와 소비에트 노동자 계급에 관해 논쟁을 하기도 했다.

     그러나 베유의 노동운동이 어떠한 특정한 정치 이데올로기를 따른 것은 아니었다. 시몬 베유의 노동 체험과 고발은 노동자의 불행과 운명을 같이하며 인간이 삶에서 겪어야만 했던 근본적인 비참을 몸소 겪으려는 시도였다. 계급, 민족, 이데올로기를 넘어 인간 그 자체에 닿으려는 그의 실천은, 1936년 스페인 내전 참전으로 이어진다.

한발 더 최전선으로:
스페인 내전과 반전운동

당시 스페인은 사회주의를 지향하는 공화국을 건설하는 인민전선이 선거를 통해 집권했는데, 1936년에 파시스트 정권을 세우려는 프랑코 장군이 쿠데타를 일으키면서 내전이 시작되었다. 전쟁의 시작과 함께 반파시즘 진영이 인민전선을 지원하고, 파시스트 진영인 나치 독일과 이탈리아 무솔리니 정권, 살라자르가 집권하고 있던 포르투갈이 프랑코를 지원하며 제2차 세계대전 전초전의 성격을 띠었다. 파시스트 군대에 맞서 싸우는 인민전선의 공화군을 돕기 위해 바이런과 에밀 졸라와 같은 유럽의 지식인들이 인민전선에 자원입대했고, 베유 역시 주변의 만류에도 불구하고 이 전쟁에 참여한다.

시몬 베유는 노동자 연맹의 국민군에 합류하여, 적군의 식량 공급 철로를 폭파하는 임무를 받는다. 적의 항공기에 발각되어 포탄 세례를 받으며 작전은 실패로 돌아갔지만, 베유는 두려워하지 않고 계속 참전을 고수한다. 하지만 지독한 근시인 시몬 베유는 취사병이 끓이고 있는 기름을 건드려 발에 큰 상처를 입고 후송되어, 집으로 돌아오게 된다. 귀환 후 그는 유럽에 무르익은 전쟁 분위기에 반대하며 「제2의 트로이 전쟁은 피하자」라는 제목의 글을 잡지에 기고하며 반전운동에 나선다.

베유는 공장 노동에서 스페인 내전 참전으로 이어지는 일련의 체험을 통해서, 우리 시대의 가장 심각한 문제를 "뿌리 없는 자들의 문제"라 진단한다. 이들은 소외와 박탈로 일상을 영위하는 노동자 계급이며, 소속감을 상실한 채 표류하는 사람들로서 공허한 상실감이나 무료한 권태감 속에 생을 영위한다. 이들은 정신적으로 죽음을 향해 나아가고 있다.

베유는 이러한 상황으로부터 벗어나기 위해 가장 중요한 것은 '새로 뿌리를 내리는 일'이라고 여겼다. 인간은 오직 영혼에 새로운 뿌리를 내림으로써 최악의 곤경에서도 살아갈 수 있다. 그러기 위해서는 세상이 부여한 가치를 재평가하는 작업이 필요하다. 베유는 인정과 관계가 파괴된 채 돈을 숭배하는 현대 자본주의의 근본적 문제로부터 탈출하기 위한 변화의 필요성을 인식하고 제국주의의 무자비한 폭력과 인간성의 상실에 대항하여, 새로운 삶의 거주 방식을 모색하기에 이른다.

중력 속에서 은총에 도달하는 삶

시몬 베유의 글과 삶에는 인간 그 자체에 대한 이해와 공감만큼이나, 혹독하고도 명철한 자기 성찰의 인식이 담겨 있다. 베유는 역사에 법칙이나 목적이 있다는 말은 터무니없으며, 명백히 존재할 수밖에 없는 모순들을 얼렁뚱땅 넘기려는 이들은 비겁하다고 여겼다.

시몬 베유의 중요성에 관해 쓴 체슬라브 밀로즈가 지적하듯, "고전적이고 메마르고 집약적인 그의 삶과 글은 우리에게 건전한 수치심을 불러일으킨다".[8] 이 수치심은 우리를 죄책감에 빠뜨리고 무결한 자신을 내세워 높이거나 타인을 징벌하기 위한 것이 아니다. 오히려 "선에 대한 우리의 갈망과 어떤 가치에 대해서도 철저히 무관심한 차가운 우주 사이에는 인과의 필연성에 따른 모순"이 존재하는데, 그 가운데서 베유는 자기 자신의 삶을 재창조하는 "인간의 위대함"을 신뢰할 힘을 우리에게 준다.

그가 사유하고 글을 쓰고 행동했던 유럽에서는 수백만 명이 제1차 세계대전으로 목숨을 잃었고, 당시의 만연한 파시즘적 풍조는 전쟁의 무자비함에도 불구하고 평화를 다짐하기보다는 또 다른 희생자를 찾아 헤매는 듯했다. 염려는 곧 현실로 바뀌어, 나치가 집권하고 제2차 세계대전이 발발한다. 시몬 베유는 이러한 현실 앞에서, 왜 이런 일이 발생하며 무자비한 폭력을 어떻게 그치게 할 수 있는지 묻는다.

시몬 베유의 주된 사상은 『중력과 은총』에 나타나 있다. 시몬 베유는 인간을 폭력과 고통으로 이끄는 '중력의 삶'에 대해 사유한다. 당대의 과학 지식을 수용했던 베유는 물리적 세계와 마찬가지로 정신의 에너지 역시도 중력의 법칙과 무관할 수 없다고 보았다. 인간의 육체와 정신은 완전히 구분될 수 없으며, 인간은 홀로 자족할 수 없다. 모든 사람은 외부의 에너지에 의탁하여 삶을 영위한다. 인간에게 외부의 에너지는 언제나 욕망의 대상이며, 누구나 자기가 원하는 대로 외부의 에너지를 사용하기를 원한다. 이러한 중력의 법칙은 특히 인간이 궁핍한 상태에 놓여 있을 때 더 생생하게 드러난다.

"인간에게 있어 정신적 에너지의 근원은 육체적 에너지의 경우와 마찬가지로 자기 외부에 있다 (…) 궁핍하여 굶주렸을 때 인간은 먹을 것이라면 그것이 무엇이든 서슴지 않고 그쪽으로 향하게 된다."[9]

중력의 장에서 자유로울 수 없는 인간은, 절박한 생존을 앞에 걸고 때로는 그저 살기 위한 몸부림으로, 배고픔에서 벗어나기 위해 다른 이의 주머니를 털기도 한다. 중력의 법칙은 인간이 생존만을 위해 행위하도록 할 뿐만 아니라, 타인을 자신의 욕구를 채우기 위한 도구로 여기게 한다. 특히 고통에 시달리는 인간은 자신의 고통을 경감하거나 없애기 위해 타인에게 고통을 전가한다.

> (고통에 내몰려) 불행할 때에는, 온갖 집착을 박탈당하더라도 생의 본능은 그대로 살아 있어서 식물이 덩굴을 감듯이 자기의 지주가 될 만한 것이라면 무엇이든 맹목적으로 매달린다. 이런 상태에서는 도저히 감사하는 마음이나 공정함을 간직할 수 없다. 저급한 것은 별도로 하더라도 말이다. 예속 상태. 인간은 자유 의지의 지주인 에너지가 보충되어야만 비로소 여유를 갖고 판단도 할 수 있는데, 이미 이러한 에너지는 있지도 않다. 이런 면에서 보면, 불행은 노출당한 생이 항상 그렇듯이 반 토막 난 수족의 절단면이라든가 벌레들이 우글거리고 있는 모양처럼 추악하다.[10]

인간은 고통을 겪게 되면 다른 사람을 괴롭히거나, 혹은 동정심을 유발하며 자기의 고통을 쏟아낸다. 이를 통해, 고통을 줄이려는 것이다. 그러나, 자신의 고통을 덜기 위해 타인을 괴롭히는 과정에서 고통은 계속 이어질 뿐 아니라 더 커진다. 고통은 악순환한다. 고통의 악순환은 많은 경우 피해자와 피해자 사이에서 발생하며, 고통받는 자는 고통을 준 문제에 직면하거나 이를 끊어내고 저항하기보다는, 보다 약한 자를 괴롭힌다. 고통당한 사람들끼리 서로를 갉아먹으면서, 상처와 고통은 심해진다. 이런 고통의 악순환이 가장 약한 자를

"독살시킨다"고 베유는 말한다.

> 고통받는 자는 누구나 자기 고통을—사람들을 괴롭힘으로써 혹은 동정심을 유발함으로써—남들에게 알리려고 애쓰게 된다. 이것은 그 고통을 줄이기 위한 것이며, 실제 이러한 방법으로 고통은 줄어든다. 아주 낮은 곳에 있기 때문에 아무도 그를 불쌍히 여기지 않고 또 어느 누구도 괴롭힐 힘을 갖지 못한 사람에게 있어서, 고통은 자기 안에 그대로 남아 그를 독살시키게 된다.[11]

시몬 베유는 이런 고통의 악순환을 "중력의 하강"이라 불렀다. 중력으로 끌어당겨져 납작해지는 사람은 타인에게 해를 끼쳐 타인으로부터 무언가를 얻으려 한다. 해를 끼침으로써 무엇을 얻는가? 바로 자신이 커진 듯한 느낌, 자신이 넓어진 듯한 느낌이다. 그러나 이것은 타인을 해쳐 그의 내부에 빈자리를 만듦으로써 자기 마음속 빈자리를 메우는 것에 불과하다. 이러한 중력의 법칙과 고통의 악순환이 제도에서 관계에 이르기까지 순환한다고 베유는 설명한다.

> 자기는 아무런 탈 없이 타인에게 해를 끼치는 것—가령 아랫사람에게 화풀이를 하고 상대는 아무 대꾸도 할 수 없는 때—은 에너지를 써야 할 것을 아끼는 것으로, 타인이 대신 그 에너지를 쓰게 된다.

> 어떤 욕망이든 그것을 부당하게 만족시키는 경우
> 역시 마찬가지다. 이렇게 해서 절약된 에너지는 곧
> 훼손된다.[12]

이러한 고통의 연쇄에 어떠한 의미가 있는가? 고통의 발생은 우발적이고 운명과 무관하다. 고통을 당하는 사람을 더 괴롭히는 것이 바로 이러한, 고통의 무의미함이다. 더 잔혹한 사실은 통치 체계가 권력을 유지하기 위해서, 타인에게 고통을 전가하면서 권력의 유지와 지위의 안정을 도모한다는 것이다. 베유는 이렇듯 "고통을 서로가 서로에게 넘기는 사회"라는 속성이 사회가 안정되고 권력이 유지되는 조건이 되고 있다고 말한다.

그렇다면 고통의 악순환을 어떻게 끊어낼 수 있는가? 베유는 고통을 준 자들에게 복수하거나 고통 그 자체의 감정을 자신보다 약한 이들에게 전가하는 현상을 비판적으로 바라보면서, 중력이라는 조건 속에서 발생하고 마는 고통과 해악에도 불구하고 스스로를 격하하거나 손상시키지 않을 수 있는 방식을 고민했다.

누군가가 자신의 존재를 실제로 파괴하고 비루하게 만들었다면 사실 그들을 용서하기란 거의 불가능하다. 약한 이들은 분노 속에서 살다가 스스로를 분노의 화로 불태워버릴 수밖에 없으리라. 그렇다면 베유는 중력의 법칙을 거부하려는 것일까? 그는 외부에 의존하여 관계 속에서 살아가는 인간의 생존 조건을 정면으로 인지했다. 그리고 중력의 법칙을 비판하는

데 집중하기보다는 그것이 야기하는 고통의 역학과 심리학을 철저하게 분석하고 사유하면서 '있는 그대로의 인간 존재'를 믿고자 한다.

베유는 중력 속의 삶이라는 상황을 폄하하는 대신, 중력을 통해 은총에 대해 생각했다. 은총은 빛을 받아 자라나는 엽록소와 같다. 은총은 누군가를 파괴하는 것이 아니라, 빛으로 엽록소를 만들어 생장하는 삶이다. 중력은 나쁜 것이기만 할까? 중력을 통해 스스로를 낮춘다면 어떤 일이 벌어질까? 정신의 삶에서 스스로를 낮추는 것은 인간을 중력에서 가벼워지도록, 즉 '높아지는' 상태로 향하게 한다.

은총에 다다르는 활동은 결코 중력에서 벗어난 무엇이 아니다. 은총은 고통스러운 중력을 체감케 하는 매일의 현실에서 기꺼이 중력 속에 머물려고 하면서, 영혼에서 일어나는 초중력적인 상태를 경험하는 일이다. 그래서 베유는 고통받는 이와 함께 고통받으며, 일치된 사유와 삶을 사랑하고자 했다. 인간의 고귀함을 앗아가는 중력들, 억압, 고통, 궁핍, 박탈감……. 그 속에서 자신을 진공으로 비워 순수한 집중에 머무른다면 영혼은 은총을 경험할 수 있다고 베유는 믿었다. 은총에 다다르는 길은 잘못된 것을 '심판'하는 것과는 거리가 멀다.

> 심판하지 말 것, 어떤 잘못이든 마찬가지다. 오직 단 하나의 잘못이 있을 뿐이다. 빛을 받아 자라나는 능력을 갖지 못했다는. 이 능력이 소멸되었기

때문에 모든 잘못이 비롯된 것이다. [13]

은총에 대한 시몬 베유의 통찰은 어떤 개인이나 특정한 누군가의 고통을 넘어, 사람들이 겪는 고통을 유한한 한 사람, 바로 자신의 신체 안에 투과하여 체험한 결실이다. 이는 합리성의 관점에서 바라볼 때, 다소 어리석은 선택인 듯 보인다. 하지만 영혼의 변화를 일으키는 은총을 향한 갈망을 단순히 희생이나 자기파괴라 말할 수는 없다.

    시몬 베유를 평생 시달리게 한 것은 자아라는 딱딱한 알맹이였다. 그에게는 스스로를 세계의 심판관처럼 여기며 자신만을 위하고 자신의 고통만을 울부짖으며 타인을 도구화하는 것이 불가능했다. 죄책감에 시달리며 고통받는 이들을 그저 바라보기만 하는 것도 불가능했다. 죄책감이라는 이중의 칼날을 지닌 검은 때로 사람을 외부의 아픔에 민감하게 반응하게도 하지만, 판단과 결합한 죄책감은 자신이 돕지 못한 사람을 도울 가치가 없는 사람으로 여기면서 자기 자신을 합리화하는 기제로 작동하기도 한다. 또는, 오히려 죄책감은 아무와도 관계를 맺지 않으려는 방어적 행동으로 변질되어 폭력의 상황에서 침묵으로 일관하는 무기력으로 사람을 침잠시키기도 한다. 시몬 베유는 그렇게 살 수 없었다.

    여기에서 더 나아가 베유는 불행으로부터 자기 연민이나 위안을 얻지 않으려 한다. 자기 연민은 자기 집착과 환상을 가져오면서 중력의 지배에 굴복하게

한다. 베유는 죽을 것만 같은 고뇌를 겪고 연민조차
없는 암흑의 밤을 통과한 끝에 무기력한 영혼은
자아라는 중력의 지배를 벗어나 은총의 빛으로
밝아진다고 믿는다. 중력장의 삶을 은총에 깃든 삶으로
변환시키려고 노력한 시몬 베유는, 이후 이 신비를
예수에 대한 굳은 종교적 믿음으로 전환하게 된다.

지상에 거주하는 신비주의자

시몬 베유의 스페인 내전 참전은 의도치 않게 짧았다.
이후 그는 두 번의 이탈리아 여행을 하는데, 여기서 시몬
베유는 사상의 대전환기를 맞는다. 1937년 4월 베유는
레오나르도 다빈치의 〈최후의 만찬〉을 보고, 아시시의
산타마리아 대성당에서 조토가 그린 프레스코화를
관람하면서 어떤 신비한 영감을 받는다. 베유는 고통
속에서 겪는 불행을 사랑의 역량으로서 파악했다. 그는
이때, 박탈당하여 고통에 시달리는 장소가 투명한
빛으로 충만한 새로운 은총의 장소가 될 수 있다는
확신을 얻게 된다.

　이듬해, 두 번째 이탈리아 여행에서 돌아와 베유는
다시 이와 같은 영감을 경험한다.

> 1938년에는 솔렘수도원에서 성지주일부터 부활절
> 화요일까지 열흘간 모든 미사에 참석했다. 당시에

> 나는 극심한 두통을 겪었다. 소리 하나하나가 나를 때리는 것 같았다. 죽도록 주의력을 집중한 끝에 그 비참한 육신에서 벗어나 육신은 홀로 고통을 겪도록 내버려두고 전에는 몰랐던 아름다운 노래와 말에서 순수하고 완전한 기쁨을 찾을 수 있었다. 그때의 경험에서 유추하여 불행을 통해서도 신의 사랑을 사랑할 수 있음을 납득했다.[14]

베유가 통찰한 영성은 신과의 일치와 그의 밝음을 통해 자신을 드러내는 방식이 아니라, 어둠과 고통이 깎아낸 파임과 거기에서 드러나는 빛이다. 처참한 불행의 상황 속에서 고통의 의미를 묻다가 삶이 추악해져서는 안 된다. 사람들은 고통 앞에서 "왜 내가 이런 일을 겪어야 하는가?"라고 묻지만 신은 대답이 없다. 고통 속에서 울부짖는 사람들은 정신이 산산조각 나서 끝없이 절규하다가, 허무에 도달할 뿐이다. 이 허무는 영혼 전체를 공포로 넘쳐흐르게 한다. 베유는 여기서, 이 공포 앞에서, 삶을 사랑하기를 그치지 않아야 한다는 깨달음에 이른다.

베유는 "십자가를 통해 희망을 건져내려고 허무 속으로 투신"한 예수에게 탄복한다. 영혼의 어두운 밤에도 사랑하기를 그치지 않는다면, "하느님이라고 부를 수 있는 존재" 혹은 우리의 세계를 궁극적으로 사랑할 수 있게 될 것이며, 이 사랑으로부터 절망과 황폐한 세계를 다시 살리고, 정의를 세울 씨앗을 뿌릴 수 있을 것이다.

이러한 베유의 입장은 해방신학적 관점으로도 이해될 수 있다. 예수 역시 노예와 다름없는 노동자 출신이었다. 이집트의 압제에서 노예들을 해방시킨 출애굽 사건 또한 그러하듯, 베유는 신의 출현이 노예들의 해방을 위해 역사에 개입한 사건으로 한결같이 이해될 수 있다고 보았다.

베유는 새로운 신학적 비전을 통해 고통받는 사람들과 공감을 나누면서, 세상을 새로운 눈으로 긍정한다. 그러나 그는 신앙을 견지하면서도 교회와는 거리를 두었고 세례도 받지 않았다. 그는 모든 새로운 형태의 이교도들과 평생 함께하겠다는 결심을 세우고, 교회의 문간에 머물기를 선택했다. 시몬 베유는 성서뿐 아니라 고대 인도철학에도 깊은 관심을 두었다. 그는 『바가바드기타』와 『우파니샤드』를 탐독했고, 마니교와 그노시스의 원전과 관련 서적을 읽으면서 그리스도교의 본질과 발전에 대해 깊이 연구했다.

시몬 베유의 삶은 "고의적인 어리석음의 연속"이었다. 베유는 근대적 사유의 끝에 서 있었다. 그는 '다르게 사유하기'가 시작되기 직전의 어두움 속에서 사유의 에너지를 행위로 변화시켜 온몸으로 겪은 사유를 또한 실현해낸 철학자였다. 권력으로 인간을 예속하는 것을 경멸하면서 아나키스트가 되었고 폭력을 역겨워하면서 평화주의를 선택했다. 베유는 근대의 전체주의가 낳은 '집단'의 폭력을 못 견뎌했다. 생애 마지막에 신학적 비전에 도달한 것은 베유가 온 마음을 다해, 허무 속에 빠지지 않고 삶을 사랑할 수 있는 인간의 영혼에 관심을 둔 결과였다.

     제2차 세계대전이 발발하고 1939년 6월 독일군이 파리에 입성한 뒤, 베유 가족은 프랑스 남쪽의 마르세유로 피난을 떠난다. 같은 해에 샤를 드골이 자유 프랑스를 선언하자 베유는 이에 반대하는 동시에 나치 독일의 프랑스 점령과 만행들에 항의하며 레지스탕스로서 활동했다. 그러나 상황이 점점 어려워지면서 베유 가족은 끝내 영국 런던으로 망명을 한다. 곧 런던 공습이 빈번해지자 1942년 시몬 베유는 가족들의 바람에 따라 미국으로 건너간다. 그는 가능한 망명을 하지 않고 다시 프랑스로 돌아가 레지스탕스 활동을 하고 싶어했다.

     결국 영국으로 돌아온 그는 프랑스 망명정부에서 일했는데, 결핵 진단을 받았음에도 특별 대우를 거부하고 프랑스 난민들에게 배급되던 음식을 똑같이 먹으며 지냈다. 원래 병약했던 그는 결국 1943년 서른네 살의 나이로 영국의 요양소에서 영양실조로 사망한다.

베유가 쓴 책은 그가 세상을 떠난 후에 빛을 본다. 전쟁이 끝나고 여기저기 흩어진 글이나 원고들이 발표되며 여러 나라에서 번역되었다. 그의 사후 출간된 중요한 저서는 다음과 같다.『중력과 은총』『시몬 베유 노동일지』『신을 기다리며』『뿌리 내림』.

1 프리드리히 니체,『차라투스트라는 이렇게 말했다』, 황문수 옮김, 문예출판사, 1976, 249쪽.
2 시몬 베유,『중력과 은총』, 윤진 옮김, 한불문화출판, 1988, 7쪽.
3 시몬느 뻬트르망,『불꽃의 여자 시몬 베유』, 강경화 옮김, 까치, 1978.
4 시몬 베유, 앞의 책, 8-9쪽.
5 시몬 드 보부아르,『처녀시절』, 권영자 옮김, 범조사, 1987.
6 시몬 베유,『시몬 베유 노동일지』, 박진희 옮김, 리즈앤북, 2012, 45-46쪽.
7 시몬 베유,『신을 기다리며』, 이세진 옮김, 이제이북스, 2015, 44-45쪽.
8 시몬 베유,『시몬 베유 노동일지』, 38쪽.
9 시몬 베유,『중력과 은총』, 9쪽.
10 같은 책, 36쪽.
11 같은 책, 11쪽.
12 같은 책, 11-12쪽.
13 같은 책, 9쪽.
14 시몬 베유,『신을 기다리며』, 45-46쪽.

쥘리아 크리스테바

1941~
경계를 넘나들고 초과하는, 사랑의 글쓰기

경계의 공간에서 글 쓰고 말하기

쥘리아 크리스테바는 프랑스에서 대중적으로 유명한 지식인이다. 대중적 논의와 학술적 담론을 오가는 그는 프랑스 공영방송에 출연하고 끊임없이 새 책을 선보인다. 책들은 빠른 속도로 판매되지만, 그의 논의를 본격적으로 연구하는 사람들은 드물다. 프랑스에서 크리스테바의 입지는, 이국적 외모와 화려한 차림으로 청중을 끌어오는 유명인이다. 하지만, 프랑스 외부에서 그의 위상은 사뭇 다르다. 국외에서 크리스테바는 포스트구조주의의 기수이자, 독창적인 사상을 전개하는 학자로서 명성이 높다. 그의 저서와 논문은 많은 나라에서 번역, 출판된다.

이러한 간극을 크리스테바 본인 역시 잘 알고 있다. 본인의 입으로 자신은 프랑스 바깥에서 학술적으로 더 유명하다고 서슴지 않고 말한다. 세간의 평가가 어쨌든 간에, 그는 급진적인 논의에 목소리를 높이고, 어디서든 가서 강연하고 이야기하는 왕성한 학자다.

크리스테바는 글쓰기에 대해 진지하게 비평하고 연구한 학자인 동시에, 비평을 창작의 영역으로 끌어들이고 본인 스스로 추리 소설을 쓴 작가이기도 하다. 그는 학제간의 장르를 넘나들면서, 문학, 기호학, 정신분석학 등의 경계를 허물고 새로운 사유 방식을 모색한다.

크리스테바는 옛 동구권인 불가리아 출신이지만 프랑스에서 본격적으로 학술 활동을 시작했다. 어느 곳에도 완전히 귀속할 수 없는 이방인의 경험은 크리스테바를 경계의 한편이 아닌 경계선 위에 놓는다. 그는 이러한 자신의 위치를 인지하고 경계인으로 살아가면서, 경계를 위반하는 글쓰기 체계를 생산하고 글쓰기를 행한다. 프랑스어로 말하지만 프랑스인이 아니고, 자본주의 국가에서 살아가지만 동구권 출신이며, 남성들과 진취적으로 학술적 교류를 하지만 여성이다. 이러한 위치에서 크리스테바는 '말하기와 글쓰기'의 조건을 사유하고 말하고 글 쓴다. 그는 자신의 '경계성'을 오히려 말하기의 역량으로 삼았으며, 이방인으로 살아가기를 두려워하거나 뒤로 물러서지 않는다. 그는 살아온 곳과 활동한 곳을 이동해 넘나들면서, 경계를 위반하면서 경계 저 멀리로 나아간다.

    크리스테바는 존재의 언어를 남성의 것으로 독점하거나, 육체와 무관한 순수한 정신적인 활동으로 보는 전통적 언어관에 이의를 제기한다. 말하는 존재는 언제나 추상의 세계와 육체의 세계 사이에 존재하고, 그 불가사의한 접면에서 말한다. 언어는 육체로부터 흘러나오고, 섹슈얼리티가 침투하면서 작동한다.

    크리스테바는 '보편적 인간'의 지위를 갖고 말하기와 글쓰기를 행하는 목소리가 실은 '특정 남성'의 목소리임을 잘 알고 있다. 크리스테바는 남성의 말하기라는 경계를 넘어, '여성의 목소리로 말하고 글쓰기'를 사유한다. 그리고 이 여성의 말하기와 글쓰기가 경계를 위반하여, 과잉으로 흐르고 분출하는 것을 목도한다.

　　말하기와 글쓰기에서 한 사람의 목소리는 더 이상 존재하지 않는다. 말하기와 글쓰기는 여러 사람의 목소리로 이루어진다. 목소리는 이곳과 저곳에서, 동시적으로 한꺼번에 솟아오르기도 하며, 연속성과 불연속성을 오가는 다성적인 목소리들로부터 발생한다.

　　이러한 목소리들로 말하고 글쓰기를 행하는 존재는 확실성과 오류불가능성을 근간으로 하는 자기의식적 주체가 아니라, 역동적인 과정을 거치면서 변화하는 주체다. 크리스테바에 따르면, 주체는 문화, 역사, 맥락, 관계 언어 등의 현상에 종속된다. 무엇보다도 주체는 자기를 형성하는 모든 현상을 완벽하게 지각하지 못한다. 의식에서 나타나지 않는 욕망, 긴장, 에너지, 억압 등의 영역이 존재하기 때문이다.

　　새로운 글쓰기와 탈근대적 주체에 관한 사유는, 경계인으로서 살아온 크리스테바가 삶에서 건져 올린 것이다. 그 자신이 다성적 목소리로 말하는 존재인 크리스테바는 경계들이 교차하는 사이에 머물러 말하는 주체다. 비평가이자 소설가, 대중 연설가, 교수로서 경계에 머물며 살아가는 크리스테바는 경계 사이에서 언제나 말해왔고, 지금도 말하기는 진행 중이다.

불가리아에서 프랑스로:
지적 여정의 시작

쥴리아 크리스테바는 1941년 구 동구권인 불가리아 수도 소피아에서 태어났다. 크리스테바의 양친은 모두 유대계로서 어머니는 자연과학 계열을 전공한 교수였고, 아버지는 의학 교육을 받았으나 교회 회계사로 일한 탓인지, 무신론을 내세운 당시 공산당 정권에 우호적이지 않았다.

    이러한 집안 환경 덕분에, 크리스테바는 어려서부터 프랑스 수녀들이 경영하는 도미니쿠스 수녀회 수도원에서 교육을 받아 프랑스어를 모국어처럼 익히면서 자란다. 성장한 뒤, 소피아대학에서 프랑스 문학과 영어 문헌학을 전공하고 구 사회주의 국가의 정규교육에 따라 마르크스와 헤겔을 중심으로 철학과 사회학을 철저하게 교육받았다.

    크리스테바가 석사과정으로 선택한 공부는 프랑스 현대 문학과 누보로망(nouveau roman)에 나타난 인물 연구였다. 누보로망은 사실적 묘사와 치밀한 구성을 중요하게 여기는, 발자크로 대변되는 전통적 소설 형식을 거부한다. 누보로망은 등장인물에 깃든 인간 중심주의와 사실주의에 반대하고, 전지적 창작자로서 작가에 의해 만들어진 소설적 시공간 구축의 서사 방식에서 벗어난다. 누보로망의 글쓰기 방식은 독자를 내용을 전달받는 수동적인 위치에 두지 않고, 독자가 읽기를 통해 적극적으로 창작 행위에 참여하는 가능성을 연다.

　크리스테바는 줄거리가 느슨하여 전통적 의미에서의 '서사'가 약한 누보로망이 인물의 성격과 시간, 장소를 배제하거나 정리하지 않은 상태로 제시한다는 점에 주목한다. 무엇보다도 누보로망은 독자가 소설에 등장하는 인물에 이입하기 어려운 방식으로 서사를 전개하는데, 크리스테바는 이 기법에 흥미를 느꼈다.

　크리스테바는 프랑스의 아방가르드 작가들이 쓴 누보로망에 관한 박사학위논문을 쓰던 중, 프랑스 정부가 프랑스에서 공부하려는 젊은 학생들에게 학비를 지원하는 장학금 제도가 있다는 사실을 알게 되었고 유학을 결심한다. 그러나 당시 그의 학교 학장은 교조적 공산주의자였다. 학장이 크리스테바의 유학을 반대한다면 그의 유학은 좌절될 가능성이 큰 상황이었다. 이때 그를 도운 것은 지도교수다. 교수는 학장이 모스크바로 여행 간 사이 크리스테바를 직접 프랑스 대사관에 데리고 가 시험을 치르게 했다. 시험에서 통과한 크리스테바는 수중에 5달러만을 들고 학장이 돌아오기 전에 프랑스로 떠난다. 1965년의 크리스마스이브에, 그는 파리에 도착한다. 이때 그의 나이 24세였다.

　크리스테바가 소설 『무사들』에서 묘사하듯, 당시 프랑스 지식인 사회는 그를 환영하는 분위기였다. 2년 뒤 68혁명을 맞게 되는 1966년 초 프랑스 사회는 동구권 사회주의 국가와의 관계에서 해빙기를 맞이하고 있었고,

프랑스의 지식인들은 동구권에서 일어나는 정치적 격변만큼, 러시아 형식주의라는 문학적 차원의 변화에도 큰 관심을 가지기 시작한다.

크리스테바는 바흐친, 야콥슨과 같은 구조주의의 모태가 된 러시아 형식주의자의 텍스트를 연구하고 소개하면서 다양한 세미나에 참석한다. 바르트의 세미나에 참석하고, 레비스트로스의 인류학연구소에 나가기도 한다. 특히 루마니아 출신 망명자이자 문학 이론가인 뤼시앵 골드만의 세미나 참가하면서, 누보로망에 대해 연구한다. 크리스테바가 회상하듯, 골드만은 혈혈단신인 크리스테바에게 "조국에서 추방당한 사람들만이 줄 수 있는 그런 종류의 도움"을 주었다. 크리스테바는 골드만의 지도 아래 누보로망에 관한 소설적 기술의 기원에 관한 박사학위논문을 썼고, 바흐친에 대한 작업을 발표하면서 주목받기 시작한다.

불가리아 소피아에서 파리라는 새로운 공간으로의 이동은 크리스테바의 삶에 큰 변화를 일으켰는데, 특히 연구자로서 그의 삶을 비약적으로 성장시켰다. 당시 기호학 연구는 빠르게 발전하고 있었고, 크리스테바는 소설의 성립, 서술 등에 대해 탐구하면서 당시 프랑스 사회에 불고 있는 지적 열기에 곧바로 참여한다.

1967년 크리스테바는 문학 기호학을 주로 다루는 잡지 『텔켈』의 편집장 필립 솔레르와 만난다. 이후 크리스테바의 남편이 되는 솔레르는 크리스테바와 만난 그날 바로 그의 아름다움과 지성에 한순간에 매혹되었다고 회고한다.

1960년대에 창간한 잡지 『텔켈』은
언어학·심리학적 방법론을 기반으로 소설 비평 분야에
주력했다. 『텔켈』지는 "비평은 하나의 분석이다"라는
구호를 제기하면서, 프로이트, 라캉의 정신분석학을
문학 작품 분석에 적극 도입하여 장르와 한계를 넘어선
문학적 실험을 감행했다. 『텔켈』은 문학비평을 더
이상 작가의 활동에 따르는 부수적 현상이 아니라
새로운 창작의 위상을 지니는 것으로 제시하고, 발화
행위라는 언어적인 개입을 실천적인 양상으로 이해한다.
이 잡지의 초기 멤버로는 야콥슨, 레비스트로스,
벤베니스트, 바르트, 그레마스, 토도로프, 데리다가
있다. 솔레르와의 만남 이후 크리스테바는 이 시기의
가장 활동적인 비평 그룹이었던 『텔켈』에 새로운
혁신을 일으키며 주도적으로 활동하게 된다. 이때부터
크리스테바는 언어 체계를 정적인 것으로가 아니라,
사건이나 과정처럼 역사적인 변화의 면에서 검토하는
작업을 본격화한다.

경계를 허물고 생산하는 텍스트

크리스테바의 박사학위논문은 『소설적 기술의
기원: 1970년 소설의 텍스트: 변형적 담론 구조의
기호학적 탐구』로 출간된다. 이 책에서 크리스테바는
바흐친의 텍스트 분석과 대화주의에 영향을 받아, 언어

행위에서 의미의 발생을 추적하고 미하일 바흐친의 다성성(polyphony) 이론으로 언어 체계의 역동성을 설명해낸다.

바흐친에게 텍스트는 언제나 특정한 상황의 결과물이며, 중립적인 탈맥락적 체계로 수렴되지 않는다. 텍스트는 늘 구체적 상황에서 다른 언어, 다른 텍스트들과 접속하고 결합하면서 새로운 텍스트를 생성한다. 다양한 텍스트의 접촉으로 인한 상호 영향 관계는 복수의 목소리가 나누는 대화적 관계를 의미한다. 이러한 텍스트들 간의 대화로 인해 텍스트에 의미가 생겨난다.

크리스테바가 소개한 바흐친의 논의는 당시 프랑스 지식인 사회에서 언어를 둘러싼 구조주의 논의를 보다 역동적인 방향으로 발전시킨다. 페르디낭 드 소쉬르의 논의에서 출발한 구조주의는, 기호(signe)로서 언어가 음성과 문자로 표현되는 시니피앙(signifiant, 기표)과 기호 내용의 뜻을 제시하는 시니피에(signifié, 기의)라는 한 쌍으로 이루어졌음을 설명하고, 이들 사이의 관계에 의해 발생하는 의미 작용(signification)에 착목한다. 구조주의 관점에 따르면, 기표와 기의 사이의 관계로 인해 생겨나는 의미 작용은 자의적이다. 기호는 다른 기호와의 관계에서 의미를 지니고, 다른 의미와 연관된다. 이러한 기호들의 체계가 언어 구조다.

기호들의 체계인 언어 구조에서 의미 작용은 체계 내부에서만 발생하기에 정태적이다. 그러나 다른 텍스트와 텍스트가 만나 새로운 의미 생산의 역동적

창출을 보여줌으로써, 바흐친의 논의는 구조주의 체계의 정태성에서 벗어날 수 있다. 크리스테바는 바흐친이 말한 의미 생산의 역동성을 구조주의에 접목하여 설명해 학계의 인정을 받고, 미국에서 교수 자리를 제안받는다. 그러나 크리스테바는 미국의 베트남전 참전을 이유로 교수직을 거절한다.

크리스테바는 구조의 완결성과 자족성에서 벗어난, 역동적 의미 생산에 대한 탐구를 상호텍스트성이라는 개념으로 발전시켰다. 상호텍스트성은 무엇보다도 텍스트의 유일한 소유자이자 창조자로 여겨져온 작가의 위상을 비판하는 개념이다. 상호텍스트성은 텍스트의 의미가 텍스트를 서술한 작가의 독창적 의도에서 비롯된다고 보지 않는다. 모든 텍스트는 우선 기존의 개별적 텍스트들 그리고 서술의 규율과 관습에 의존하며, 그 자체로 완결적이지 않다.

"모든 텍스트는 인용구들의 모자이크로 구축되며 모든 텍스트는 다른 텍스트를 받아들이고 변형시킨다."[1]

문학 작품을 비롯한 모든 문헌은 한 작가의 생산물이기보다는 그 외부에 존재하는 여타 문헌들과 미디어 자료, 언어 구조와의 상호작용으로 생산된다. 상호텍스트성은 문학 작품 안에 다른 문학 작품을 거론하거나, 문헌에 영화, 노래, 미디어의 글이나 프로그램, 사회적 사건이나 맥락 등을 거론하는 형태로 이뤄진다.

상호텍스트성 관점에서, 글쓰기란 생각이나 사물을 지시하는 단어들을 써서 이미 형성된 사고와 감정을 드러내는 것이 아니다. 텍스트에서 의미 생산은 정적이지 않으며, 문헌의 의미 변화, 문헌 밖 문헌의 재의미화 혹은 두 문헌의 재해석 등을 통해 동적인 변화의 과정을 거친다. 의미는 텍스트 하나만이 아니라 다른 텍스트들과의 관계와 함께 작동한다.

    크리스테바와 같은 입장을 취한 롤랑 바르트의 견해처럼, 글쓰기는 의미를 전달하기가 아니라, 기표를 기록하는 것이다. 텍스트들과의 관계를 통해 언제나 새로운 의미가 발생할 가능성이 있다. 상호텍스트성 개념에서 텍스트는 단 한 번의 생산이 아니라 다른 텍스트들과의 관계에서 다양한 양상으로 생산하는 과정이며, 따라서 텍스트는 반드시 역동성을 갖는다.

    상호텍스트성에 따르면 텍스트는 '내부'와 '외부'로 나눌 수 없고, 텍스트의 시작과 끝을 구별하는 것은 불가능하다. 텍스트의 경계는 분명하지 않으며, 의미 생산의 측면에서 봤을 때 오히려 텍스트의 완결적 경계를 허무는 것이 중요하다. 이러한 탈경계적 텍스트 이해는 기존 비평가들이 주장해오던 텍스트의 자족성과 독자에 대한 작가의 일방적인 영향력 개념을 파괴한다.

언어를 창조하는 공간인 코라와 기호계

이 무렵 크리스테바는 자크 라캉의 세미나에 계속 참여하지만, 라캉의 입장과는 다른 노선을 취한다.

라캉의 정신분석학은 말하는 주체의 형성 과정에서, 자신을 어머니와 분리하고 아버지와 동일시하는 오이디푸스적 틀거리를 고수한다. 즉, 주체가 되기 위해서는 어머니와 단절해야 하며, 어머니를 거부 대상으로 상정하고 아버지의 법을 따라야 한다. 이러한 시각은 가부장제를 전제하고 있으며, 크리스테바는 이에 대해 비판적 입장을 취한다.

 크리스테바는 오이디푸스 전에 존재하는 어머니를 복원하기 위해 코라라는 개념을 상정한다. 플라톤의 『티마이오스』에 등장하는 개념인 '코라'는 "일체 생성의 수용자"이며 마치 유모와 같은, 저장소·양성소다. 플라톤은 코라를 항상 우주를 만들어낸 기원에서 등장시키면서, 혼돈의 상태에서 형태와 질서 잡힌 우주를 만들어낸 그릇으로 설명했다. 그러나 크리스테바는 코라를 저장과 순응의 이미지로 받아들이지 않는다. 그는 코라가 생성의 역동성과 운동성을 갖고 있다는 사실을 강조한다. 이로부터, 크리스테바는 코라를 언어의 의미를 활성화하는 에너지로서 도입한다.

> 코라라는 용어를 우리는 플라톤의 『티마이오스』에서 빌려왔다. 이것은 움직임과 그 순간적 정지로 이루어진 극히 일시적이고 근본적으로 유동적인 분절을 지칭하기 위해서다. 이 공간을 플라톤의 『티마이오스』에 따라 기호적 코라라고 정의한다.[2]

코라는 아버지의 법 이전에 존재하기에 전언어적이지만,
언어를 창조하는 공간이다. 코라에서, 언어 이전에,
언어를 만들어내는 에너지가 활동한다.

　　아무런 의미 없는 옹알이를 하는 아이는 코라에
빠져 있다. 코라 단계에서 유아는 잘 가눌 수도 뜻대로
움직일 수도 없는 자신의 육체의 내외부에 작용하는
힘에 반응하고 육체에 흐르는 에너지와 흔적을 전언어적
방식으로 표현한다. 아이들은 무슨 뜻인지 모르지만
옹알이를 하면서 다양한 억양과 제스처로 에너지를
방출하고 자신을 표현한다. 옹알이를 거치면서 음성의
분절 그리고 소리와 의미의 연결을 차츰 이해하고,
문자와의 관련성을 받아들인다.

　　크리스테바는 코라라는 공간을 의미 작용의
측면에서 기호계라는 용어로 설명한다. 기호계의
기호(semion)는 그리스어를 어원으로 하며 자국, 표지,
각인, 흔적을 뜻한다. 흔적들을 표현하는 기호계는
말하는 존재의 표층 아래서 의미 작용을 일으키는
역량이며, 언어와 육체적 충동의 접면이다.

　　기호계는 유아의 충동처럼 가공되지 않은 원료
상태이며, 구분할 수 있는 안정적인 상징성을 갖지
못한다. 코라적 기호계는 넘치는 섹슈얼리티와
육체적 충동을 언어로 창출하고 표현하는 에너지다.
기호계에는 아이의 육체에서 체험된 쾌락, 소리, 색깔,
운동을 증진시키려고 애쓰는 리듬과 에너지 그리고
충동이 있다. 이러한 기호계는 오이디푸스 이전의
충동들로 흘러넘치며, 생명 에너지인 섹슈얼리티

물질을 포함한다. 이 물질은 전언어적 추동력으로서 기호계는 의미 생성의 원료이지만, 준안정적 의미 체계를 파괴할 수도 있다. 기호계는 가부장제적 의미의 코드에 결코 포섭될 수 없다. 코라 공간으로서 기호계는 본능적 충동이 분출하고 순환하는 곳이며, 내가 나로서 동일시되기 이전, 나와 타자가 구별되기 이전이다.

    기호계는 이후에, 상징적 언어 단계로 포섭 불가능한 중단(interruption), 부조음(dissonance), 리듬으로 나타나기도 한다. 이때 기호계는 언어의 질서를 뚫고 통제 불가능한 과잉(excess)으로 출현한다. 코라의 기호계가 지닌 파괴적 힘은 상징적 경계를 범람하고 파기해, '사건'으로 출현한다. 크리스테바는 기호계의 사건적 출현을 말라르메, 로트레아몽, 아르토, 조이스의 작품과 쇤베르크, 케이지, 슈토크하우젠, 지오토와 벨리니의 '텍스트'에서 찾는다. 이들의 '텍스트'는 한 사람의 목소리가 아니라 누구인지 모를 다수의 목소리로 쓰이고, 웅얼거림이나 외침으로 표현되며, 음악 연주로 제시된다. 이러한 텍스트들은 시각적이거나 청각적이거나 간에, 상징적·표상적 체계를 넘어서 직접적인 기호계를 표현하면서, 언어 질서를 교란하고 혼란을 야기한다. 기호계의 출현이 매끈하고 이해될 수 있는 독자적 텍스트의 규범 속에 소동을 일으키는 것이다.

    코라와 기호계에 대한 이러한 설명에, 그로츠와 같은 여성주의자들은 비판적 입장을 취한다. 기호계와 코라가 어머니의 육체적 공간이 지배하는 여성적

단계라면, 결국 이러한 어머니, 여성의 육체는 남성이 상징한 일종의 환상에 복무할 뿐이라는 것이다. 또한 코라 공간으로서 어머니는 여자들이 체험한 모성이 아닌 모성에 대한 남성적 환상이 투영된 것이며 이때 결국 여성성은 부당하게 신성화되어버린다. 이러한 어머니는 결국 언어를 갖는 상징계로 나아가지 못해서 "말 못하는, 리드믹한, 발작적인, 잠재적으로 히스테릭하며 그래서 말이 없는 육체 속에 갇히게 된다".[3] 때문에 기호계는 인간이 언어로 말하는 주체가 되기 위해 거치는 필수조건이지만, 동시에 주체가 되는 과정에서 결국 희생당한다.

 비판에도 불구하고, 크리스테바는 기호계를 통해 소위 상징의 질서를 대변하는 오이디푸스 표상들이 언어로 표현할 수 없는 여성, 어머니와 기호적인 것에 빚진 채 존재하고 있음을 보인다. 코라-기호계는 언어 구조를 침범하는 역동적인 힘과 의미의 생산성을 낳는 힘을 드러내는 것이다.

'나'라는 경계를 구성하는 아브젝시옹, 비체

크리스테바를 비롯한 『텔켈』 그룹은 마오쩌둥이 주창한 마오이즘적 마르크시즘에 호의적이었다. 그러나 1974년 크리스테바는 3주간의 중국 여행 후, 마오이즘에 실망하며 마르크시즘적 정치와 결별을 선언한다. 크리스테바는 중국의 사회주의에서, 조국 불가리아에서 이미 겪은 바 있는 소련식 공산주의의 퇴락과 종말의 징후를 발견한다.

크리스테바는 파리로 돌아온 후, 정신분석학을 더 깊이 연구하기 시작한다. 1960~1970년대의 연구가 기호학과 언어에 맞추어져 있었다면, 이후 그는 말하는 주체의 생산과 변화의 과정을 정신분석적 경험에 맞추어 분석하는 방향으로 나아간다. 이러한 성과는 『공포의 권력』이라는 저서에서 아브젝시옹(abjection)이라는 개념으로 등장한다.

> 정신분석적 경험은 말하는 존재와 언어의 야수성을 들을 수 있는 유일한 것으로 나에게 충격을 던져주었다. 정신분석이 솔직하게 드러내는 욕망과 증오의 배경에 대항하는 정치적 모델들이 내게는 거리가 그것들을 변화시키는 방식인 것처럼 보인다. 공포의 힘과 아브젝시옹처럼 말이다.[4]

아브젝시옹은 비체(卑體)로 번역된다. 이는 언어 상징계가 요구하는 적절한 주체가 되기 위해, 이질적이고 위협적으로 여겨지는 어떤 것들을 거부하고 추방하는 현상을 의미한다.

비체는 코라 기호계와 관련한다. 주체가 언어적 상징계에 도달할 때, 코라의 기호계에서 **빠져나오면서 버린** 코라적 에너지가 비체다. 비체는 자아 정체성의 도달에 필수적인 것이다. "내가 되어가는 과정 속에서,

나는 맹렬한 구토물과 오열과 더불어 자아를 낳는다."
자아가 구성될 때, 언어화되지 못한 잔여물이 남는다.
이 언어화되지 못한 것, 언어화 이전에 존재하는 것에
기반한 비체가 모호한 나의 경계를 창출한다.

    비체는 주로 혐오감과 거부감으로 등장한다.
응고된 우유에 낀 막, 똥, 구토물, 시체와 같은 것이
우리에게 구역질과 혐오감을 야기하는 비체다.

> 음식물 혐오는 아마 가장 오래되고 기본적인 형태의
> 아브젝시옹일 것이다. 우유 표면의 얇은, 무해한,
> 담배를 싸는 종이처럼 얇고 손톱 부스러기처럼
> 보기 흉한 막이 눈에 띄거나 입술에 닿았을 때,
> 나는 메스꺼움이 치밀어 오르고, 좀 더 아래쪽으로
> 내려가 위장에 경련이 일어나고, 몸이 오그라들고,
> 눈물이 나며 담즙이 분비되고, 심장 박동이
> 빨라지고 이마와 양손에 땀이 맺힌다. 시선을
> 들끓게 하는 현기증과 함께 이 유지방을 향한
> 구토로 몸이 휘는데, 이때 나는 유지방을 내게 내민
> 어머니와 아버지로부터 분리된다. '나'는 우유를
> 조금도 원하지 않는다.[5]

분명한 사실은 이러한 비체가 내 삶의 조건이자 한계라는
것이다. 그 한계는 살아 있는 내 육체에서 발산된다.
크리스테바에 따르면, 비체는 결코 억압하거나 대상화할
수 없으며, 경계 구성체로서 언제나 우리의 삶과
함께한다. 비체는 대상이 아니며 결코 대상이 될 수 없다.

비체는 주체가 되기 위해 버려진 것이지만, 결코 억압되지 않는다. 주체를 이루는 경계면에 비체는 존재하며, '견뎌낼 수 없는 것'으로서 갑자기 출현한다. 비체는 언어를 잃어버린 상태로 나타나고, 부정적 감정과 결코 대상화될 수 없는 공포로 등장한다.

    공포를 야기하는 비체의 출현은 비체가 주체의 경계임을 일깨운다. 비체의 출현은 낙오된 자와 낙오되지 않은 자, 주체가 아닌 자와 주체인 자 사이의 경계를 마비시켜버린다. 따라서 비체는 "정체성, 체계, 질서를 어지럽히는 것, 경계, 위치, 규칙을 무시하는 것"으로 나타난다. 또한 "양심의 가책을 받는 배신자, 거짓말쟁이, 법률 위반자, 수치심 없는 강간범, 구세주로 자처하는 살인자" 등, 한도를 초과한 범죄자로 제시된다. 한편 예술 활동의 측면에서, 비체는 매혹적이다. 비체에 점령당한 존재는 상징계적 언어를 끊어내는 문학적 활동을 발생시킨다.

    비체에게 점령되고 마비된 존재는 경계를 잃고 방황한다. "아브젝트에 점령당한 사람은, 스스로를 인식하거나 욕망하거나 어딘가에 속한다기보다는 밀려나고 분리되고 방황하는 존재에 더 가깝다."[6] 비체는 내가 명명하고 상상할 수 있는 대상이 아니다. 비체가 나를 점령할 때, 혐오감, 구역질을 야기하는 정서 덩어리는 어떻게도 정의 불가능하다.

    비체는 주체와 대척점에 서 있는 것이 아니다. 주체가 되는 과정에서 내가 나로서 정체성을 확증할 때에 나에 속하지 않은 것이 비체로 버려졌지만,

버려진 비체는 나를 둘러싸는 경계에 머물러 있다. 비체는 언제나 나의 영역으로 밀고 들어와 침탈하는 전복적인 힘을 지닌다. 비체의 출현과 점령은 "일종의 나르시시즘의 위기"를 야기한다.

    크리스테바는 비체를 통해 사람이 나와 다른 타인, 이방인들에게 매혹되면서 동시에 혐오감을 느끼게 되는 이유를 설명한다. 동질적인 소속감 강화를 꾀하는 내집단은 비체와 타인을 소비할 수 있을 때는 받아들인다. 언제나 모호한 경계를 가진 존재에게 끊임없이 어느 편에 속하는지 질문하고, 같은 편이면 포섭하고 다른 편이면 배척한다. 그러나 비체는 언제나 경계 근처에 있고 동질의 내부로 결코 들어올 수 없기에, 이것이 동질성을 위협한다고 여겨질 경우 격렬한 열광으로 뭉친 내집단에게 곧장 극단적 혐오와 박해의 대상이 되는 것이다.

사랑의 활동, 언어 활동

언어 활동에 대한 크리스테바의 탐구 여정은 언어 이전의 기호계와 경계에 머물면서 공포로 출현하는 비체를 거쳐, 사랑의 활동으로 향한다. 의미를 지니지 않는 흔적과 동일한 의미로 포섭할 수 없는 이질성은 공포와 배척의 대상이 아니라, 글쓰기를 일으키는 거대한 역량이다. 이 역량은 기존의 단단한 토대를 흔들어

새로운 것을 만들어내, 글쓰기를 사랑의 활동으로
변모시킨다. 글쓰기이자 활동으로서의 사랑은 나를 계속
타자와 만나게 하고 나라는 허구성인 나르시시즘에서
벗어나게 하면서, 언어의 의미를 새롭게 생산한다.

> 사랑의 징조는 공포의 징조일까? 욕망-공포는 더
> 이상 제어받지 않고 [제어와 억제 따위를] 참지
> 못하고 무시해버린다. 적합한 것, 금지된 것을
> 흔들어놓는 것만이 두려운 것이 아니다. 자기
> 자신의 경계선을 넘어서려는 욕망, 그 두려움…….
> 쾌락과의 약속 또는 희망을 뒤섞어놓은 합류가
> 미래와 과거 속에 기거한다. 그 합류란 순간과 영원,
> 과거와 미래 그리고 현재라고 단정할 수 없는 시간
> 속으로 나를 충족시키거나 소멸시켜버리기도 한다.
> 또한 나를 충족시키지 못한 채로 남겨두는, 어딘가
> 비어 있는 사랑의 시간이다……. 내일, 영원히,
> 항상 성실하고, 그전처럼 과거에도 너에게 그랬던
> 것처럼 그랬을 때처럼, 욕망 또는 실망의 연속?[7]

사랑은 나라는 정체성을 혼미한 상태에 빠뜨린다.
사랑은 내가 아닌 상대방을 향한다. 또한, 왜 사랑하게
되었냐고, 사랑하냐고 물었을 때, 거기에 합당한 말을
찾을 수 없다. 사랑하는 자를 표현할 적합할 단어는
늘 부족하다. 사랑스럽기에 사랑스럽다. 사랑은 그저
사랑한다고 되뇌거나 감탄하고, 육체의 맞닿음으로
표현할 수밖에 없다. 사랑은 경이, 신음, 감탄, 탄식과

놀라움이라는 단 한 번의 순간과 사건으로 말해진다.
"개인적인 차원에서 사랑이란 바로 그러한 갑작스러운 혁명이고 돌이킬 수 없는 대격변이며, 우리는 그것이 지나가고 난 후에야 그에 대해 말한다. 그것을 겪고 있을 때에는 그에 대해 말하지 않는다."[8]

내가 누구인지조차 모르겠고, 한순간에 나를 무너지게끔 현기증을 야기하는 사랑의 경험은 어떤 말로도 표현이 불가능하다. 더듬거리고 얼굴을 붉히며 온몸을 떨면서, 마치 생전 처음으로 진실한 말을 하는 것처럼 말의 구조를 무너뜨리면서야, 사랑의 은밀한 말을 겨우 뱉어낼 수 있다.

사랑은 흥분과 고뇌를 일으킨다. 사랑의 말들은 결국 열정으로 변화하길 원한다. 사랑이 일으키는 복합적인 말들은, 열정 앞에서 불처럼 타오르면서 말의 경계를 무너뜨린다. "사랑의 언어 활동은 불가능한 것"이다. 가장 솔직하게 표현하고자 할 때 그것은 "암시적인 것이 되어 그 의미는 은유에 실려 흩어져버린다."[9]

사랑의 체험은 나를 변화로 몰아넣는다. 또한 사랑의 의미는 사랑하는 순간에는 결코 잡을 수 없다. 사랑은 나는 나라고 말하는 동일화의 영역을 넘어서는 것이다. 사랑의 담론에 적합한 의미와 대상은 결코 정해지지 않으며 고정될 수 없다.

크리스테바는 이러한, 나를 무너뜨리는 사랑 활동을 언어 활동의 창조성과 관련시킨다. 결국 사랑은 나르시시즘의 영역, 내가 나를 잘 안다고 말하는 그

오만에서 빠져 나오게 한다. 사랑은 나르시시즘에 빠진 나에게 상처를 입힌다. 이미 지난 사랑에 대해서 말한다고 해도, 그조차 나르시시즘을 쪼갠 어떤 흔적을 더듬는 일이다. 흔적은 사랑의 체험에서 내가 발견한 사실을 보여준다. 그것은 바로 "사랑에 있어서 '나(je)'란 타자였다는 것을 의미한다".

"사랑은 나를 흥분시키고 동시에 나를 초월하며 나의 권한을 넘어선다."[10] 나르시시즘에 빠진 나에게 상처를 입히고, 그로부터 나를 벗어나게 해서, 나를 타자로 확인하는 사랑의 활동은 결국 나에게 활력을, 생명력을 불어넣어준다. 사랑은 다시 살게 하며, 새로운 의미 생성을 가져오는 것이다. 크리스테바는 최초의 정신 활동인 언어 활동이, 결코 의미를 붙잡을 수 없는, 이질성들 그리고 타자들로 가득 찬 에너지의 추동력에서부터 발생했음을 다시금 강조한다. 정신 현상은 타자와 연결된 열린 체계이며, 때문에 정신 활동은 이러한 조건 아래서만 다시 살아날 수 있다.

근대적 주체라는 심리적 자아의 이상에서 벗어나서, 크리스테바는 말하는 주체를 말하게끔 하는 주체의 무의식적 경험을 탐색하고, 언어 체계를 다른 사회 구조들의 압력과 함께 역동적으로 만들고자 했다. 결국 사랑의 활동으로서 언어 활동은 '경계인으로서 사는 공간에 머물기'다. 경계인들과 더불어 살 수 있는 정신의 공간을, 사랑의 활동은 만들어준다.

사랑의 활동으로서 언어 활동은 의미화를 작동시키는 타자성을 인정하고 실현시킨다. 이러한 언어 활동은 일상에서 등장하는 이질성, 경계성을 회피하거나 두려워하지 않고 다름과 함께 작동하고 작용한다. 그리고 동일성을 향한 완고한 애착, 나라는 자의식에서 벗어나기를 촉구한다. 언어 활동이 사랑의 활동이 되었을 때, 우리는 타자를 두려워한 나머지 혐오하거나 그들의 입을 막지 않을 수 있고, 언어로 표현할 수 있다. 이것은 또한 이질성을 승인하고 스스로 혐오로부터 빠져나오는 윤리적인 활동이기도 한 것이다.

    1990년대에 이르러 크리스테바의 저술은 변화한다. 그는 한참 뒤로 미뤄놓았던 정치적 문제로 되돌아온다. 그리고 소설 비평에 머물지 않고, 직접 소설을 집필했다. 학생들을 가르치는 일에서 은퇴한 크리스테바는 여전히 소통을 시도하고 있다. 2017년 소르본에서 열린 포럼에 참석해 그는 유럽의 정체성에 대해서 이야기했다. 여전히 크리스테바의 말하기는 진행 중이다. 그는 경계에 머물며 말하기를 멈추지 않으며, 살아 있는 한, 말하는 주체로서 말하고 글을 쓸 것이다.

크리스테바는 홈페이지(www.kristeva.fr)와 트위터 계정(@JKristeva)을 운영하며 상호텍스트성을 실천하고 있다. 지금도 트럼프 집권 이후의 국제정치에 대한 다른 이의 글을 게재하고 링크를 트윗한다. 주요 저서로 『시적 언어의 혁명』 『미친 진실』 『공포의 권력』 『사랑의 역사』 『검은 태양』 등이 있고 소설 『사무라이』 『노인과 늑대들』 『포세시옹, 소유라는 악마』 등을 펴냈다.

1 쥘리아 크리스테바, 「말 대화 그리고 소설」(1969), 여홍상 엮음, 『바흐친과 문학이론』, 문학과지성사, 1995, 235쪽에서 재인용.
2 쥘리아 크리스테바, 『시적 언어의 혁명』, 김인환 옮김, 동문선, 2000, 26쪽.
3 엘리자베스 그로츠, 『뫼비우스 띠로서 몸』, 임옥희 옮김, 여이연, 2001.
4 쥘리아 크리스테바, 『무사들』, 홍명희 옮김, 솔, 1995.
5 쥘리아 크리스테바, 『공포의 권력』, 서민원 옮김, 동문선, 2001, 23쪽.
6 쥘리아 크리스테바, 『뫼비우스 띠로서 몸』, 30쪽.
7 쥘리아 크리스테바, 『사랑의 역사』, 김영 옮김, 민음사, 1995, 14쪽.
8 같은 책, 8쪽.
9 같은 책, 9쪽.
10 같은 책, 15쪽.

닫는 글:
거울을 깨고 다른 세계로

이 책을 쓴 계기는 2016년에 일어난 강남역 여성혐오 살인 사건이었다. 가부장제가 오랫동안 일상적으로 자행한 여성에 대한 폭력과 살해를 만천하에 드러낸 이 사건은 오랫동안 구조의 약자였던 여성들을 침묵에서 깨어나게 했다. 슬픔은 분노로 바뀌었고, 두려움을 딛고 일어난 용기의 힘은 컸다.

　나는 많은 여성이 자발적으로 움직이고 공격적으로 발화하면서, 여성을 혐오하고 비하하는 세계에 맞서는 태도에 전율을 느꼈다. 그간 대다수 여성은 여성 비하와 혐오 발화를 두려움과 수치감 때문에 무시하고, 무대응을 최선이라 여겼다. 나 역시 그랬다.

　그러나 이 사건은 우리가 우연히 살아남았고, 죽은 것은 나였을 수 있다는 실감을 일깨워 현실을 직면하게 했다. 가부장제에서 여성은 뮤즈로 숭배되고 떠받들어지든, 성녀이자 복된 어머니로 칭송받든, 갈보 창녀로 모욕당하든, 매한가지로 '대상'일 뿐이다. 그러나 이를 거부하고, 두려움을 딛고 목소리를 갖고자 하는 여성은 자기 검열과 혐오의 순환고리에서 한발 벗어날 수 있다. 여성의 저항은 여성혐오에 기반하는 남성 유대(homosocial)에 금을 내면서, '여성 그리고 남성이 되지 못하는 이들을 배제하고 차별하는' 가부장제 질서를 교란하기 시작했다.

　변화의 현실을 목도하면서, 사유하는 일을 업으로 삼은 나는 무엇을 할 수 있을까? 스스로에게 물었다. 대학원에서 철학을 공부했고, 사유하는 방법을 가르치기도 하고, 철학과 관련된 글을 쓰기도 한다.

그렇다면 나는 사유하는 사람인가? 나는 철학자인가?

나는 생각하는 일을 좋아한다. 혼자 읽던 책들이 품어내는 의문을 다른 이와 더불어 이야기하고, 물음을 해결하는 논리적 과정이 즐거웠다. 무엇보다도 사유하는 일은 언제나 내게 힘을 주었고, 깊은 논의를 뚫고 나온 개념은 단단했다.

그저 좋아한다는 것 외에 오랫동안 철학을 공부할 수 있던 가장 큰 이유를 꼽는다면, 내가 공부한 공간에 철학을 진지하게 연구하는 여자들이 있고, 철학을 강의하는 여자 교수들이 있기 때문이다. 하지만 오랜 공부를 마쳤을 때 소위 철학을 공부하는 다수의 남성 사이에서, 나는 알 수 없는 어색함과 기묘한 불편함을 느꼈다. 학계의 권위자가 죄다 남성인 것은 물론이고, 내가 공부한 서양 철학의 전통이 실상 유럽과 영미 백인 남성의 언어로 쓰였음은 부인할 수 없는 분명한 진실이다. 이 사실을 뒤로 미루어두고 싶었지만, 내가 말하는 목소리가 내 언어가 맞는 것일까, 내가 하는 말들이 결국 철학의 이름으로 보편을 휘두르는 폭력이 되지 않을까란 고민은 언제나 나를 따라 다녔다.

나는 서양 철학사의 정통 계보에서 단 한 명의 여성 철학자도 만나본 적이 없다. 20세기 들어서야 철학과 관련해 여성의 이름이 간간히 등장하고, 주로 여성주의 이론과 인문·사회·예술의 주변부에서 언급될 뿐이다.

나는 철학의 곁을 맴도는, 여자들의 목소리를 전달하고자 했다. 이 책은 여성주의 철학에 착목하기 보다는, 사유하는 여성 그들 자신을 다룬다. 어떤 특별한

계보나 시간의 궤적을 따르지 않고, 전통적 의미의 철학계에서 활동하지 않을지라도 새로운 사유와 개념을 창조한 이들 그리고 내 마음을 움직인 책을 쓴 저자를 주로 다루었다.

이 글을 쓰는 일은 나에게도 모험이었고 용기가 필요했다. 「부치 에메체타 읽기」에서 도나 해러웨이는 말했다. "글쓰기, 글 읽기와 같은 실천은 여성운동에서 개인적이지만 집합적 수준의 경험으로 간주할 만한, 생산하는 장치의 일부"라고. 이 말에 기대어, 사유하는 여성에 관한 이 책이 변화하는 현실에 기여하기를 바래본다.[1]

사건이 일어나고 일 년이 지난 지금, 확실히 여성주의는 거스를 수 없는 시대의 요청인 것처럼 보인다. 이제 여성들은 더 이상 예전처럼은 살 수 없음을 안다. 여성들은 그간의 폭력과 싸우면서 새로운 질서를 만들어내고, 여성주의는 다양한 분야와 접목해 활발한 논의가 진행 중이다. 이 과정이 언제나 모두가 원하는 아름다운 그림일 수 없다는 것은 분명하다. 여성주의는 살아 있는 운동이며, 가부장제의 오랜 뿌리를 건드리기에 급진적(radical)이고 새롭다.

여성주의에 대해 몇 마디 짧게 보태면서 이 글을 닫고 싶다. 우선 여성주의는 단지 가부장제의 반담론(counter discourse)이 아니다. 여성주의는 가부장제를 지탱하는 논리와 규범에 갇히길 거부하며, 젠더 이분법과 가부장제하의 객관과 보편에 의문을 던진다. 여성주의는 자기 정의를 업데이트하며 갱신하는 구성 활동이자, 그 의미와 실천이 함께 작동하는 살아 있는 과정이다.

여성주의는 단수의 보편 여성을 호명하는 운동일 수 없다. 가부장제 역시 인종, 계급, 종교, 문화의 복합적 요인과 함께 특수하고도 다양한 모습으로 차별과 억압을 만든다. 젠더라는 여성의 범주는 특권적 여성을 과잉 일반화하여 하나의 본질로 환원할 수 없다. 또한, 많은 차별의 조건을 누적한 여성이 인식론적 특권을 지닌다는 설명도 적절하지 않다.

나는 여성들이 복수라는 사실을 인식하는 것이 매우 중요하다고 생각한다. 여성은 단수로 말해질 수 없다. 여성은 복수다. 여성주의운동은 추상적인 단일 여성 서사와의 동일시로 만들어질 수 있는 것이 아니다. 다양한 처지와 위치에 있는 여성이 투쟁의 역사를 거쳐 확인한 가부장제의 분명한 차별에 함께 저항할 수는 있다. 하지만, 함께 싸운다는 것은 나와 비슷한 고통에 바로 공감하여 연대하는 것만이 아니다. 오히려 동일시에서 비롯된 고통은, 내가 느껴본 고통에만 민감한 데 그쳐버릴 수도 있다. 고통에 공감하여 연대한다는 말을 내가 느껴본, 혹은 나와 가까운 이의 고통에 대한 공감과 연대로만 오인할 경우, 타인의 고통을 나의 고통의 서사 일부로 통합하는 근대적 습관에 빠지기 쉽다. 고통의 가치를 규정하는 최종 심급을 '나'라는 자기중심으로 수렴하는 방식을, 여성주의운동은 지양해야 한다. 자기중심적 서사

구축에서 벗어나, 차이를 사상하지 않으면서, 차이에서 의미 있는 실천을 이끌어내기 위한 윤리적 태도와 서사의 방법이 분명히 필요하다. 이것은 결코 종결될 수 없는 여성주의의 과제이기도 하다.

"너 메갈 하냐?" 이 한마디로 알 수 있듯, 한국 사회의 민낯은 저항하는 여성을 두려워한다. 이제는 저항하는 여성을 그저 익명의 메갈리아로 명명하려는 가부장제의 거울을 깨고, 부서진 조각들이 비춘 다양한 차이를 통해서 다른 세계로 가는 전망을 갖고 활동을 이어갈 필요가 있다.

두려움을 용기로 바꾸어낸 여성들은 기존의 억압적 삶을 반복하고 재생산하지 않기 위해 밖으로 나와, '지금 당장'이라고 외치며 변화를 만들어내고 있다. 나는 이러한 여성들이 일구는 여성주의가 다양한 사회적 차별에 민감하게 반응하며, 소수자들과의 연대와 제휴를 구현할 수 있다고 생각한다.

이 책은 도움과 격려 덕분에 세상에 나올 수 있었다. 남성들의 철학사, 그 어둠 속에서 빛을 내던 무명의 여성들과 미래에 이 책을 읽을 조카들을 떠올린다. 마지막으로, 이 책의 제1호 독자로 자처하며 세심히 읽고 함께 만든, 봄알람 이두루 편집자에게 고마움을 전한다.

1 도나 J. 해러웨이, 『유인원, 사이보그, 그리고 여자』, 195쪽.

참고문헌

Adriana cavarero, *relating narratives*, Routledge, 2000.
Claire Colebrook ed. *Deleuze and Feminist Theory*, Edinburgh University Press, 2000.
가야트리 스피박, 『스피박의 대담』, 이경순 옮김, 갈무리, 2008.
____, 『포스트식민 이성 비판』, 태혜숙 외 옮김, 갈무리, 2005.
____, 『스피박의 대담』, 이경순 옮김, 갈무리, 2006.
____, 『다른 세상에서』, 태혜숙 옮김, 여이연, 2008.
가야트리 스피박 외, 『서발턴은 말할 수 있는가?』, 태혜숙 옮김, 그린비, 2013.
김미덕, 『페미니즘의 검은 오해들』, 현실문화, 2016.
김은주, 『여성-되기』, 에디투스, 2019.
노엘 맥아피, 『경계에 선 쥘리아 크리스테바』, 이부순 옮김, 앨피, 2007.
도나 J. 해러웨이, 『겸손한_목격자@제2의_천년.여성인간ⓒ_앙코마우스™를_만나다』, 민경숙 옮김, 갈무리, 2007.
____, 『유인원, 사이보그, 그리고 여자』, 민경숙 옮김, 동문선, 2002.
____, 『한 장의 잎사귀처럼』, 민경숙 옮김, 갈무리, 2005.
로지 브라이도티, 『유목적 주체』, 박미선 옮김, 여이연, 2004.
뤼스 이리가레, 『나 너 우리』, 박정오 옮김, 동문선, 1998.
____, 『하나이지 않은 성』, 이은민 옮김, 동문선, 2000.
리사 터틀, 『페미니즘 사전』, 유혜련 외 옮김, 동문선, 1999.
마르트 룰만, 『여성 철학자들』, 이한우 옮김, 푸른숲, 2005.
마이클 우드 외, 『죽기 전에 꼭 알아야 할 세계 역사 1001 DAYS』, 박누리 외 옮김, 마로니에북스, 2009.
미셸 푸코, 『푸코의 맑스』, 이승철 옮김, 갈무리, 2004.
버지니아 울프, 『자기만의 방』, 이미애 옮김, 민음사, 2006.
샌드라 하딩, 『페미니즘과 과학』, 이재경 외 옮김, 이화여자대학교출판문화원, 2002.
샬럿 브론테, 『제인 에어』 1, 2, 나선숙 옮김, 더클래식, 2017.
스티븐 모튼, 『스피박 넘기』, 이운영 옮김, 앨피, 2005.

시몬 드 보부아르, 『처녀시절』, 권영자 옮김, 범조사, 1987.
____, 『제2의 성』, 이희영 옮김, 동서문화사, 2009.
시몬 베유, 『시몬 베유의 노동일기』, 이재형 옮김, 이삭, 1983.
____, 『중력과 은총』, 윤진 옮김, 한불문화출판, 1988.
____, 『시몬 베유 노동일지』, 박진희 옮김, 리즈앤북, 2012.
____, 『뿌리 내림』, 이세진 옮김, 이제이북스, 2013.
____, 『신을 기다리며』, 이세진 옮김, 이제이북스, 2015.
시몬느 뻬트르망, 『불꽃의 여자 시몬 베유』, 강경화 옮김, 까치, 1978.
앨리슨 재거, 『여성주의 철학』 1, 2, 서광사, 2005.
에릭 스프링스티드, 『시몬 베유』, 권은정 옮김, 분도출판사, 2008.
에이드리언 리치, 『문턱 너머 저편』, 한지희 옮김, 문학과지성사, 2011.
엘리자베스 그로츠, 『뫼비우스 띠로서 몸』, 임옥희 옮김, 여이연, 2001.
여홍상 엮음, 『바흐친과 문학이론』, 문학과지성사, 1995.
우에노 지즈코, 『여성혐오를 혐오한다』, 나일등 옮김, 은행나무, 2012.
이블린 폭스 켈러, 『과학과 젠더』, 이현주 외 옮김, 동문선, 1996.
J. 잭 헬버스탬, 『가가 페미니즘』, 이화여대 여성학과 퀴어·LGBT 번역
    모임 옮김, 이매진, 2014.
주디스 버틀러, 『젠더 트러블』, 조현준 옮김, 문학동네, 2008.
____, 『윤리적 폭력 비판』, 양효실 옮김, 인간사랑, 2013.
____, 『젠더 허물기』, 조현준 옮김, 문학과지성사, 2015.
쥘리아 크리스테바, 『무사들』, 홍명희 옮김, 솔, 1995.
____, 『사랑의 역사』, 김영 옮김, 민음사, 1995.
____, 『시적 언어의 혁명』, 김인환 옮김, 동문선, 2000.
____, 『공포의 권력』, 서민원 옮김, 동문선, 2001.
____, 『미친 진실』, 서민원 옮김, 동문선, 2002.
____, 『검은 태양』, 김인환 옮김, 동문선, 2004.
진 리스, 『광막한 사르가소 바다』, 윤정길 옮김, 웅진씽크빅, 2008.
질 들뢰즈 외, 『천 개의 고원』, 김재인 옮김, 새물결, 2001.
캐럴 길리건, 『다른 목소리로』, 허란주 옮김, 동녘, 1997.
프리드리히 니체, 『차라투스트라는 이렇게 말했다』, 황문수 옮김,
    문예출판사, 1996.
플라톤, 『파이드로스』, 조해호 옮김, 문예출판사, 2008.

한나 아렌트, 『정신의 삶』 1, 홍원표 옮김, 푸른숲, 2004.
____, 『예루살렘의 아이히만』, 김선욱 옮김, 한길사, 2006.
____, 『전체주의의 기원』, 박미애 외 옮김, 한길사, 2006.
____, 『어두운 시대의 사람들』, 홍원표 옮김, 인간사랑, 2010.
____, 『라헬 파른하겐: 어느 유대인 여성의 삶』, 김희정 옮김, 텍스트, 2013.
____, 『사랑 개념과 성 아우구스티누스』, 서유경 옮김, 텍스트, 2013.
____, 『한나 아렌트의 말』, 유철희 옮김, 마음산책, 2013.
____, 『인간의 조건』, 이진우 옮김, 2017.

찾아보기

인명

ㄱ-ㄹ

골드만, 뤼시앵 … 152
그로츠, 엘리자베스 … 159
네틀 … 27-28
데리다, 자크 … 47, 49, 87, 153
데비, 마하스웨타 … 63-64
들뢰즈, 질 … 55-56, 87
디포, 대니얼 … 61
라캉, 자크 … 153, 156-157
룩셈부르크, 로자 … 27-28, 39
리스, 진 … 43-46, 63
리치, 에이드리언 … 7, 12

ㅁ-ㅅ

마르크스, 카를 … 55, 65, 150
밀그램, 스탠리 … 32
바두리, 부바네스와리 … 58-59
바흐친, 미하일 … 152-155
보부아르, 시몬 드 … 8, 127-128
브라운, 웬디 … 89
브레히트 … 27
브론테, 샬럿 … 43
소크라테스 … 9

ㅇ

아리스토텔레스 … 9
아우구스티누스 … 16-17, 21
아이히만, 아돌프 … 29-34
아퀴나스, 토마스 … 100
알랭(에밀 샤르티에) … 126-127
야스퍼스, 카를 … 21-22
오스틴, 존 … 85
이글턴, 테리 … 64
이리가레, 뤼스 … 8

ㅋ·ㅍ·ㅎ

카바레로, 아드리아나 … 8
키르케고르, 쇠렌 … 124
파른하겐, 라헬 … 22-25, 39
파스칼, 블레즈 … 124
푸코, 미셸 … 55-56, 87
프로이트, 지그문트 … 153
플라톤 … 9, 157
하이데거, 마르틴 … 15, 20, 37
핼버스탬, 잭 … 80
허친슨, 이블린 … 101
헤겔, 게오르크 프리드리히 … 65, 74, 76, 150
히틀러, 아돌프 … 21-22, 25

용어

ㄱ

가부장제 … 8, 12, 45, 54, 57-58, 80, 86, 100, 110-113, 157, 159, 171, 173-175
가톨릭 … 98-100, 104
객관성 … 108
거대 담론 … 49
겸손한 목격자 … 109
경계 … 45, 82, 90, 95, 97, 111-114, 117, 141, 148-149, 153, 156, 159-160, 162-168
계급 … 28, 40, 50-52, 54-55, 98, 103, 112, 131-133, 174
계몽 … 18, 23, 27, 29, 123
고통 … 18, 24, 33, 121, 123-128, 131, 135, 137-143, 174
고통의 악순환 … 136-138
공감 … 125, 127-128, 134, 143, 174
공포 … 18, 80, 142, 161, 163-165
과잉 … 148, 159, 174
과학사 … 101-102
관념론 … 23-24
괴물 … 7, 10, 12, 111, 143
교섭 … 47, 51-52

구조주의 … 152, 154-155
규범 … 70, 72, 76-81, 84-85, 159, 173
그리스도 … 143
근대 주체 … 13, 61, 88
기호 … 147, 152-154, 156, 159-160, 164
기호계 … 156-160, 164

ㄴ·ㄷ

나르시시즘 … 164-167
나치스 … 21, 26, 29-31, 74, 132, 135, 144
남성 유대 … 171
노동자 … 125, 127, 129-133, 143
누보로망 … 150-152
다성성 … 154
다성적 목소리 … 149
도덕 … 7, 32, 70, 91
동성애 … 74-75, 80, 104
동일성 … 9, 13, 49, 88, 168
드랙 … 74-75
듣기의 윤리학 … 60-63, 90-91, 168, 175

ㄹ·ㅁ

레즈비언 … 12, 74-75, 83
레지스탕스 … 125, 144

로고스 … 9-10
리좀 … 12
마르크스주의 … 28, 47-50, 55, 65, 102, 160
면역 … 115-117
모성 … 86, 160
믹소트리카 파라독사 … 95-97

ㅂ

반려견 … 117
보편 … 9, 11-12, 15, 31, 57, 60, 69, 77, 79, 86-87, 124, 148, 172, 174
부조리 … 18-19, 122
불행 … 124, 127, 132, 136, 141-142
비오스 … 9
비체(아브젝시옹) … 160-164
빛 … 121, 139, 141-142
뿌리 … 129, 131, 133

ㅅ

사랑 … 11, 21, 40, 71, 77, 103, 124-125, 141-143, 164-168
사이보그 … 110-114
사티 … 56-58
사회주의 … 27, 132, 150-151, 161
상징계 … 160-161, 163
상호 의존 … 95-97
상호텍스트성 … 155-156

상황적 지식 … 108-110
서발턴 … 54-56, 58-60, 65
성별 이분법 … 82-83, 90, 110-111, 174
성소수자 … 74, 78
세계시민 … 22, 26
섹슈얼리티 … 82-83, 90, 148, 158
소비에트 … 132
소수자 … 12-13, 29, 61, 74, 78, 130, 175
수행성 … 83-85
스탠퍼드 교도소 … 32-33
스톤월 항쟁 … 102
스페인 내전 … 125, 132-133, 141
스피노자 … 72, 74
시니피앙 … 154
시니피에 … 154
신비 … 125, 141

ㅇ

아나키스트 … 127, 143
아방가르드 … 151
악의 평범성 … 26, 30, 32, 34
앙코마우스 … 111
애도 … 90
어머니 … 157, 159-160, 162, 171
에너지 … 72, 135-138, 143, 149, 157-158, 161, 167
연대 … 174-175

열정 … 13, 97, 166
영성 … 142
영장류학 … 102, 106-107
예속 … 136, 143
오이디푸스 … 112, 157-158, 160
오인 … 116
욕망 … 11-12, 20, 54, 70-71, 73, 76-79, 83, 91, 99, 126, 135, 138, 149, 161, 163, 165
위반 … 148
유대인 … 19-21, 23-25, 30-34, 73, 91, 125
육체 … 9, 17, 37, 107, 135, 148, 158-160, 162, 165
육체노동 … 129-131
윤리 … 19, 37
은유 … 96, 99, 101, 116-117
은총 … 121, 125-126, 134-135, 139-141
의미 작용 … 154-156
이분법 … 60, 64, 82-83, 86, 90, 95, 97, 110-111, 113, 174
이성 … 9, 18, 40, 107-108, 123, 125
이성애 … 81-83, 85, 87, 110
이스라엘 … 29, 31, 34, 91
이원론 … 83, 85, 95, 97, 110, 113
인간성 … 38-40
인정 … 70, 73, 76-79, 81-82
인종 … 33, 107, 112, 174

ㅈ

자연 … 8-9, 61, 96, 110-112
자율성 … 77, 90
재현 … 46, 49, 54-56, 58, 60-63, 87
정의 … 31, 40, 86, 90, 128, 142
정체성 … 20-21, 23-24, 47-48, 61, 74, 78, 80, 82, 84, 87, 90, 108, 111-114, 161, 163
제1세계 … 53, 63, 111
제3세계 … 53-54, 58, 60-61, 63, 65, 111
조에 … 9
죄책감 … 134, 140
중력 … 121-125, 134-135, 137-141
중력의 하강 … 137
진화 … 100, 107
질병 … 114-116

ㅊ-ㅌ

차이 … 49, 51, 61, 87, 175
책임 … 60, 63
코나투스 … 72
코라 … 156-161
퀴어 … 69, 83, 90
키메라 … 111
타자 … 9-13, 46, 54, 56, 60-64, 88, 91, 114, 116, 165, 167-168
탄생성 … 37-38

탈식민주의 … 49
텍스트 … 152-156, 159

ㅍ·ㅎ

파시즘 … 21, 32-33, 130, 134
팔레스타인 … 34, 91
페미니즘(여성주의) … 47,
　　49, 57, 65, 69, 81, 83,
　　85-89, 102, 106, 110-113,
　　172-175

포스트모던 … 69, 87
하위주체 … 54
해방신학 … 143
해체 … 47, 49, 65, 87, 113
혐오 … 80, 104, 115, 123,
　　162-164, 168, 171
환원 불가능한 차이 … 49, 56, 174

작품

「그래비티」 … 122-123
『광막한 사르가소 바다』 … 43-45
『그라마톨로지』 … 49
『로빈슨 크루소』 … 61-62
『정신현상학』 … 76
『제인 에어』 … 43-46
『텔켈』 … 152-153, 160
『티마이오스』 … 157

생각하는 여자는 괴물과 함께 잠을 잔다

ⓒ김은주

1판 1쇄 발행	2017년 9월 8일
1판 14쇄 발행	2025년 8월 18일
지은이	김은주
디자인	우유니
편집	이두루

펴낸곳	봄알람
출판등록	2016년 7월 13일 2021-000006호
전자우편	we@baumealame.com
트위터	@baumealame
인스타그램	@baumealame
홈페이지	baumealame.com
ISBN	979-11-958579-4-4 03100

이 책의 저작권은 지은이에게 있으며 판권은 지은이와 봄알람에 있습니다.
이 책 내용의 전부 또는 일부를 재사용하려면 반드시 양측의 서면 동의를
받아야 합니다.